FROM WUWEI TO TAIPEI

錢光中七十文影輯要

浮生散記

錢光中 著

目錄

敬獻給愛我、疼我、養我、育我的爸爸媽媽

序文篇

散文篇 回憶散文

浮生散記

FROM WUWEI TO TAIPEI

錢光中 著

序文篇

光中七十文影輯要

好學不倦的錢主任

劉世勳

記得民國六十六年，我服兵役退伍返校任教，同時兼任註冊組長職務，當時錢主任擔任校長室秘書，從那時起有機會與其共事請益，進而認識錢主任治學做人處世的風範，他是一位好學不倦、治學嚴謹、做事認真、待人誠懇的好老師。

錢主任生長於八年抗日戰爭，顛沛流離的年代，在家鄉讀完初中，即離家輾轉投入軍旅，退伍後先在本校機工科擔任技術工作，並利用餘暇抓住機會，長期不斷的努力進修，先完成國立臺灣師範大學英語系學士學位，轉聘為英文科教師，同時利用暑期進入國立政治大學教育研究所四十學分班進修輔導，之後又赴美進修，獲得東北密蘇里大學工業管理碩士學位，工作中進修，進修後進階，數十年如一日，從不懈怠，他好學不倦，奮發

向上的精神，頗值作為青年朋友學習的典範。

從錢主任的生平事略中，可以清晰的看到他終身學習的軌跡，大學階段他主修英語，畢業後除擔任本校英文科教學工作外，也開始參與校務行政工作，熱愛工業教育，尤其對學生的輔導工作投入很大的心力。職務上他先擔任校長室秘書，後來轉任進修學校主任輔導教師，直到民國八十八年退休。錢主任興趣廣泛、才華洋溢，代表我們大安高工的校旗，就是錢主任於民國六十八年間設計的，構圖簡潔、色彩活潑、具代表性，一直沿用到今天，為大安高工留下一個優良的傳承標誌，謹代表全體校友、師生感謝您！

教、訓、輔三合一本是教育工作者主流價值，傳統上我們沒有特別去強調它，但為人師者大都能身體力行；隨著社會的變遷，學校教育型態、課程、分工的轉變，老師所扮演的角色、責任的認知亦隨之產生變化。當教育主管機關、學校大力推動教訓輔三合一計畫的時候，回顧錢主任在本校

任教期間，教學之餘仍致力於學生各項輔導工作，期使將每一個孩子帶上來，不放棄任何一個學生，這種教育家的風範，其實就是教訓輔三合一的最佳體現，也是教育本質之所在。錢主任在其撰著之專論「懲罰」中，力主不懲罰學生，對「懲罰」的研究，頗為深入，對學生輔導工作貢獻卓著，其精神、作為、與理念值得我們敬佩與學習。

好學不倦、終身學習是我對錢主任很深刻的印象，英文能力好當然也是不爭的事實，我赴美進修碩士期間，論文報告還曾商請錢主任幫忙審稿潤飾呢！在此再次致謝。八十九年，在同事們的慫恿鼓勵下，他毅然披掛上陣，報考國立臺灣師範大學工業教育研究所博士班，充滿著高度的企圖心與學習慾，希望退休後能繼續完成最高學位，第一天筆試考得不錯，預期很有希望錄取，很可惜因太久沒參加入學考試，誤以為要等候通知再參加口試，竟然錯過了臨時改在當天的口試，而喪失攻讀博士學位的機會。

綜觀錢主任的一生，可以說是艱苦的一生，奮鬥的一生，好學的一生，

更是一位全方位的好老師，特藉大作《浮生散記》即將付梓之際，回顧略述一二，表達敬佩與感謝之意，並期待錢主任的德行風範得以流傳。

劉世勳　謹識

中華民國九十三年八月四日

邱序

邱國範

好友錢兄光中，囑我為其《浮生散記》寫一篇序文，個人以才疏學淺，未敢從命，經再三催託，誠意難卻，只好提筆獻醜了。

光中為錢兄原名，因家鄉變色，為免弟妹陷於右傾批鬥，改名「錢學」，亦用以永懷慈母秉燭夜課之大恩，矢志艱苦自勵，勤學不輟，三十年如一日，從不敢偷閒懈怠，足可為江淮學子之典範。

光中兄祖籍安徽無為縣，生於民國廿二年十一月五日，世代務農，自祖父錢公濟傑遷入無為縣倉埠門太平巷內定居，錢父隨祖父遷入城內後，受城市文化與新生活運動影響，廣讀詩書，婚後任公職。錢兄早年遭遇坎坷，幼年失恃，兄弟妹五人，遽成哀子，由叔伯嬸母撫養成人，而時值憂患戰亂，遍地烽烟的年代，內有軍閥割劇，外有強權侵略，日帝小鬼亡華

野心尤熾，卒致抗戰軍興，陷廣大人民於水深火熱的艱苦生活中，我與光中兄同屬那個年代中少年，處境相似，感觸之多，體認之深，應非現代青年人所能瞭解。

光中兄少年離家，就在顛沛流離中度日。

卅八年大陸變色，隨軍來臺時年僅十六，學驗不足，受了不少創傷折磨，惟賴生於農家，在顛沛流離歲月中，養成堅毅耐勞的習性，得能安渡過困境，適應單調、緊張、清苦、嚴謹的軍中生活，服役期間，暇時勤修英文，嗣以個性志趣不符，於民國五十七年依法退伍，結束二十年的軍旅生涯。

在民國二十至四十年代出生在大陸鄉間的一代人，受戰亂大環境的影響，大都無法接受完整的學校教育，光中就在顛沛流離生活中完成初中教育後，在艱困環境中勉力進修，戮力追求深造機會，他常以最大敵人不是

外來，而是自我。所以常以戰勝自己，自勵自惕，卒能以高中學力鑑定及格，參加聯考，錄取師大英語系，皇天不負苦心人，努力耕耘必有收穫，錢兄先後多次赴美研習技藝與心理等專業領域主題，七十三年正式赴美深造，七十五年獲得美國密蘇里州立大學管理學位，努力有成，宏願得償，堪以告慰錢父沈媽在天之靈矣。

光中兄學成歸國後，任教於臺北市立大安高工，本有教無類、誨人不倦的為人師精神，執教卅整年，並協力校方改進學校行政，建立現代規模。如今退而不休，從事教育研究工作，果真春風化雨，桃李滿天下了。

民國六十二年光中兄與蘇孟麗女士結婚，育有二女一子，均完成高等教育，家中生活和樂美滿，事業有成，誠然令人欽佩。

我與光中兄同為卅八年來臺的所謂「新臺灣人」，但總不能數典忘祖、無視故國親人，所以民國七十六年七月解嚴後，終於望到歸鄉路，爭先返

鄉探親，祇是少小離家老大回，不免有近鄉情怯，和景物依舊人事全非的喟嘆，但能見到同輩的兄弟姐妹已屬難得，相擁而泣之餘，面對「子欲養而親不在」的現實，也祇能長跪先人墓前，恭謹膜拜，以我尚能安然歸來，告慰先人在天之靈了。

光中兄在戰亂艱困境遇中勤學有成，為人師表，培育現代萃英，功在國家社會，其手著《浮生散記》述事簡潔生動，析理扼要中肯，可為當今國人　鑑之處甚多，茲值付梓之前，敬綴數語，繆以為序。

中華民國九十三年六月二十三日

回首前塵看他的艱辛歲月

司馬雄風

我和作者錢光中（學）先生相遇相知，是緣起於服務學校—臺北市工（今大安高工），從民國五十八年我到校，八十八年他退休，歲月悠悠，相識已三十多年了！他是五十七年即到校服務，次年考入師大夜間部英語系，我則是五十七年考入師大夜間部教育系，次年才返校服務；他在機工科任工場管理，我則在教務處做行政工作，那是工作愉快，人情味十足，也充滿希望的歲月，迄今仍念念不忘，回味無窮！

錢先生在校期間，歷任實習工場管理員，教師兼訓育組長、兼設備組長、兼校長秘書、暨附設進修學校開山鼻祖的「輔導室主任」。而教國文的我，雖非如影隨形的跟著他，但也幾乎亦步亦趨的隨後轉到夜校（目前是進修學校）他的勤奮、認真、不多話、友善、熱心，我目見耳聞，真的很感佩。

我原先只知道他是退伍軍人，轉行到教育界，英文很棒，教學認真，如今，拜讀他的椎心泣血人生大體驗的傳記，才知道他竟然是如此飽經滄桑、含莘茹苦的克難苦學成功。還算是吃苦耐勞的我，更不禁小巫見大巫的以他為榮，也肅然起敬！

許多教育界人士都在感慨，學生素質每況愈下，因而頗有不如歸去之嘆！其實問題出在：今日的年輕人，幾乎都生在安樂的時代、或長在富裕的環境，加上在「愛」的教育滋潤下，久而久之，也就難免成為「軟腳蝦」或「草莓族」了，因而普遍缺乏抗壓性、自省心和奮鬥力，一旦踏入現實社會，面對各類衝擊和挫折，不但無力承受，而且會很不理智的做出各類反社會、反倫理的不道德行為，讓社會付出很高代價，也挽救不了這種頹廢的風氣，令人慨嘆！

人，一旦價值觀被扭曲，都會很可怕！要想扭轉乾坤，再造生機，真

的是談何容易？防微杜漸之道，仍是要靠「教育」來塑造正確的觀念、培養正常的心態、養成正當的方法，這才是釜底抽薪有守有為的做法，也就是說，除了師長做諄諄教誨的正規教育外，社會文化界，也應多多傳播前人吃苦耐勞、節儉樸素、刻苦奮鬥……等真人真事的美德善行，尤其是如尊親敬老、鶼鰈情深、友愛互助、克難苦學、懷鄉念舊之類的「大時代小故事」，來補強或救偏補弊，是最能一點一滴的對年輕人發揮暮鼓晨鐘的教化效果。

錢光中先生的《浮生散記》，寫的是在大環境下兵荒馬亂時代中，他顛沛流離卻堅毅不屈，所表現出克難苦學，挑戰人生的刻骨銘心的體驗，他的壯志與慷慨高歌，那種情真意摯、娓娓道來、頗令人心儀及不忍！他真的是年輕人，甚至為人父，為人師者的最好借鏡，這本書的文筆，或許因為時間匆促，未能十全十美，但他感情的真摯，內容的平實，的確是可圈可點，彌足珍貴，也發人深思！

欣逢光中兄這本自傳式袖珍型的大作，在他的嘔心瀝血，千錘百鍊下，終於脫穎而出，記述他從軍、苦學、執教等等的堅苦卓絕精神，歷歷如繪，感人肺腑。在分享社會之前，筆者有幸先睹為快，感受甚深，也心得無窮，豈不樂哉！相信也會對全天下人性、學風、社教各方面的何去何從？能起「小木鐸」之效！

自序

我原籍安徽無為，民國二十二年十一月五日生。單名學，原名光中，兄弟五人，我係長男，以後四弟均依次以光華、光民、光國、光盛命名，家父用意是企盼國家壯大強盛，寓意深遠。後因大陸解放，共產社會主義建國，滯留大陸諸弟為免受思想清算之恐懼，光民改為光明，光國改為光軍，開放後通信極感不便，常感迷惑，不知家鄉弟妹究竟幾人，久而久之，才恍然大悟，見怪不怪了。

父名世定，畢生從事地方行政及教育工作。抗日戰爭期中，隨安徽省政府遷入皖省西部大別山區，從事對日游擊戰活動，全家聚少離多，養家活口的重任全由弱母一人單獨承擔，成年累月，積勞成疾，不幸逝於民國三十年十二月十四日，得年卅四歲。遺留我與幼弟弱妹三人皆未成年，遂由叔伯父母輪流撫養，至抗日戰爭勝利後，父歸，續弦吳氏，闔家得慶團圓，重溫天

倫之樂。未幾國內政治紛爭再起，全國局勢紊亂，民不堪生，全家再嚐離散之苦。我於初中畢業當年，就被迫獨自離家，乘江輪漂泊至南京被亂軍收留，幾經波折，考入南京馬鞍山通信學校，於湖南耒陽畢業，戰爭己漫延到華中華南一帶，道路阻斷，不能前往指定單位報到，只能靠友人介紹入廣州、再輾轉到海南島，隨軍撤退來台，得能安定下來。父與弟妹滯留原籍，終未能逃過批鬥的浩劫，民國四十九年（1960）二月十八日，父積勞成疾，終以身殉於蕪湖勞改營。壯志未酬身先卒，未能親見國家壯大繁榮，實為終生一大憾事！

我生於憂患，茁壯於漫天烽火的亂世。警報聲中唸完小學，古廟內、樹蔭下讀完初中。自幼即隨苦難成長，屢受漂泊流浪之苦，深深企盼國家壯大強盛，人人能安居樂業是多麼幸福。我家並無萬貫財富，但卻世世代代以書香門第自居；我從未享有在安定中接受應受的教育，但卻能時時在工作中從未間斷的苦讀。退役後通過教育部檢定考試，鑑定為高中學歷及格；五十八年再以同等學力參加大專聯考，錄取師範大學英語系，畢業後正式聘為台北市工英文教師。六十五年經學校推薦入政大教育研究所，研究心理輔導，畢業後再由政大推薦入美國印地安那州立博爾大學，進修教育心理，後因學校工作需要，轉入密蘇里州東北密蘇里大學（現改為杜魯門大學），研究工業教育，修得碩士學位畢業回台，擔任專業輔導工作。七十年參加考選部特考，乙等教育行政及格。

我自受聘加入台北市工任教後，決定以教育為終生事業。常於放學後留校輔導不適應學生，以身教代替言教，以鼓勵代替懲罰，著有專題論述，反對懲罰學生，溝通疏導，有效經由內在潛移默化，使受輔者心悅誠服，透過內衾自反作用，以達行為糾治的目的。數十年如一日，無怨無悔。平時更重視連繫師生感情，建立良好人際關係以及情緒控制與疏導，使職校師生之師徒關係，如水乳交融，適時抑制青少年在成長歷程中，隨時會遭遇到風暴期潛在的暴力行為傾向。在教育行政上，常佐理校長以科學行政管理之理念，推行學校行政革新，破除推拖陋習，簡化公文處理流程，推行分層負責，以達教育改革目的，有效配合社會經濟發展，加速完成教育中、長、遠程發展

目標。

目前國內政爭激烈，但民主風氣大開，乃百年來僅見，喜見多元社會欣欣向榮，安和樂利景象，可惜少數野心政客，不安於現況，興風作浪，鼓動獨立；並以扭曲歷史事件，分化兩岸人民感情，製造暴亂，導致社會動盪，人心惶惶，恐怖不安。外人更以本身經濟利益相逼，予取予求置國人生死於不顧，此種自侮而後人侮的奇恥大辱，深盼國人能即時覺悟，自立自強，以愛國愛鄉為重，庚續繁榮社會，為當務之急，再創經濟奇蹟，才是全體人民殷切期盼的厚望。

浮生散記

FROM WUWEI TO TAIPEI

錢光中 著

散文篇

燈影書聲

民國五十八年二月二日於師大

我生於憂患，長於戰亂，更茁壯與漫天烽火中，我之所以能有今日堅強意志，於此應立而未立之年，尚能力學不輟，精勤砥勵，刻苦奮進，全都歸功於我母，諄諄慈訓感召，不敢一日鬆懈，以免怠荒暴棄，乃能告慰我母在天之靈。

回憶兒時，我家居無為城，倉埠門太平巷，父為一基層公務人員，抗戰期中，任職皖省府秘書處，日軍侵佔縣城，隨省府遷入省西邊境大別山區，吾家素不富裕，父離家後，雖時有錢物請托友人跋涉千山萬水接濟，但因戰亂，貨幣極不穩定，每貶降於一夕之間，況內陸交通險阻不便，兩地千里迢迢，每次匯兌，頗耗時日，雖初匯時數額頗鉅，至收款時，已不

符一日所需，逢此家境逆轉，每況愈下之際，母以孤獨荏弱一女子，力持家計，堅貞奮勵，撫孤自立，督兒力學不懈，並常以生於憂患，死於安樂，以惕勵我志向，當時我也僅是一個七、八歲似懂非懂之小學幼童而已。

讀小學時，每日放學回家，母必督導複習記誦老師指定功課外，每夜必背誦親授四書一篇，輒至深夜，一燈熒熒，伴我書聲琅琅，至能完全熟記成誦為止，母常於驗完記誦無誤後，不斷懇切仁慈告誡：男兒當以苦讀不懈，吃苦耐勞，力爭上游，才能成大器，出人頭地；不能流入凡伕走卒之輩，虛度一生，爾後當切記：「少壯不努力，老大徒傷悲」，切勿貪圖一時榮華，放棄凌雲壯志，望能常記在心，時時力行，才不辜負父母之殷殷厚望！

我原名光中，中學時改為錢學，取其「錢」與「勤」諧音之故，以資時時惕勵，不忘母訓。

九歲時，無為故居屢遭日軍瘋狂輪番轟炸，全家被迫逃至西鄉蔣家山口，未料又連遭搶劫與無情火災，屋漏偏逢連夜雨，災難連連，浩劫頻仍，連家中唯一剩餘蔽體衣物，全部盡付灰燼，一門煢煢，幾至絕境，母於走頭無路之際，攜兒及弟妹，再徙錢家庄，向村中叔爺借茅屋一間，一家得暫時棲息，母日間助村人操作農事，夜間則作女紅，換得升米斗糧，以維家計，雖屢經困厄，母能坦然勇敢面對，每夜必備油燈一盞，伴兒夜讀之餘，暗自掩面啜泣，世態炎涼與命運多舛，為何壘積於我母一身，蒼天為何不肯眷顧一位仁慈寬厚的羸弱女子，我常仰天長嘆，百思而不解。

民國三十年十二月十四日夜，族人與村中親友均在忙忙碌碌，興高采烈，吃臘八粥，除舊佈新迎新年之際，母日夜操勞，體力不支，再加百感交集，竟在幼妹哭鬧求哺奶聲中，溘然猝逝，永別苦難人間。

如今獨身漂泊海外，處於應立而未立之年，深感一事無成，惟有終年苦讀，寄情於課本，才能紓解、撫慰我漂泊與孤寂，也惟有於深夜苦讀之際，愈能追思吾母鞠育之恩，真實感悟慈母容顏，永遠長伴左右；聲聲縈繞耳際，永遠是母親慈愛的叮嚀與祝福！

故鄉之冬

民國五十八年元月二日於師大

台北的冬天，沒有落葉，沒有光禿禿的老樹，早上街頭沒有彎著腰、縮著脖子、嘴裡呼著熱氣的老人；屋簷下更沒有掛著雪後亮晶晶的冰垂，這些對我們來自江淮學子而言，是一種懷念，也是一種渴望，這裡沒有一點冬的意味，更談不上感到冷的感覺，過慣了春夏秋冬四季分明的人，總是存有秋收冬藏的危機意識，在春暖花開的季節，農人們盡力勤苦耕作，希望有好收成，輕輕鬆鬆好過冬。

在江北的故鄉，園野的景象，從秋後就開始漸漸改變，由綠變黃，由黃變紅，朔風一起，樹葉落盡，只剩樹幹，禿枝向天，一片蕭瑟，大地神奇蛻變，對詩情畫意的人，是浪漫多彩多姿，對窮困向大自然討生活的人，

就會一愁莫展，憂鬱重重，找不到希望的明天，奇冷苛酷的寒冬，常伴著在心靈深處，聽到的是呼嘯北風，淒厲哀號，看到的是冰天雪地，奪去所有生機，農夫忍受著凜冽寒風，還是寄於一線希望，希望來年，但願是雪兆豐年，開春有好收穫，使他們日子好過一點，但炎寒還是逼得他們透不過氣來。

我熱愛我的故鄉，更特別熱愛那裡冬天的景象，每到冬天，總會勾起我對那裡的特別懷念！

冬天，在故鄉遍野銀色的大地，不知度過多少天真的童年，那厚厚的棉衣、棉褲、棉鞋，還有那頂戴起只看到兩隻大眼睛的毛線帽，一副又笨又重的隆冬盛裝，活像一隻大笨鵝，一搖一擺，滿跚的走在結冰的路上，

跌倒爬起就走，站起來又滑倒的滑稽樣，活像一個不倒翁，一付蠻不在乎的樣子，表現出不畏冷的本領，但也娛樂了別人。笑著、鬧著，扔雪球；爬著、滾著，扮著殺鬼子英雄，結果自已也真的成了雪人！

冬天，也是父親最活躍的季節，他好像是一個不畏寒冬的獵人，天氣還沒有一點下雪徵侯，一下班回家就忙個不停，找這找那在準備他的最得意的冬獵裝備，企盼著有一個豐裕的冬季收穫，他不斷擦拭把玩他的玩伴—那支老舊的散彈獵槍，還有那些當時我根本說不出來的裝備，一切準備就緒，就等天氣的轉變，每天一早，爸爸總是第一人開門衝出看天的人，要是天空烏雲密佈，無風而且乾冷的話，九成就是那年第一次冬雪，正是爸爸所盼望，只要一有積雪，他就迫不及待，馬上拿起他的裝備，背起他的散彈槍，帶著我往後面不遠的小山林裡衝去，父親那種高興的樣子，自信

滿滿，好像一定大有斬獲，可是有時也會敗興而歸，回到家門口就會大聲無可奈何的叫著：「泡湯了！」實際上山中動物並不是一下雪就往外面覓食的，要等幾天在它們肚餓而迫不及待時，才會冒險出來覓食保命，父親也能把握這種良機，一舉出擊，戰利品往往是一隻野兔，運氣好的話，也可能是一隻野雞，我是父親的獵犬，在他射中目標時，我也會迫不及待衝過去，抓回戰利品得意的跳起來，分享爸爸的喜悅，勝利回家時，在門口也會受到弟妹們英雄似的歡迎，大家都認為爸爸是一個了不起的大英雄！

晚上，全家都圍坐在火爐前，享受一頓母親烹煮的、滿室飄香、垂涎欲滴的山產宴，父親與爺爺，更特別享有母親為他們溫熱香噴噴的老酒，有時看到我們孩子們那付好奇的饞像，忍不住也會故意的灌我一口，結果害得我嗆得鼻涕眼淚俱下，哭笑不得，下次再也不敢聞到那種香味而現出

那付饞像，

這就是我日日夜夜，魂縈夢牽故鄉的冬夜，也是一幅人間天倫之樂的真實寫景，於今只有我孤獨一人，漂泊海外，孤苦伶仃，形單影隻，這分落寂，真非筆墨所能表達其萬一。

記得抗日期中，全家逃至西鄉蔣家山口，九月九日重陽那天，祖父帶我登上屋後小山，遠望無垠的山山水水，口中念出王維的九月九日憶山東兄弟：

「獨在異鄉為異客，每逢佳節倍思親，
遙知兄弟登高處，遍插茱萸少一人。」

祖父當時特別反復強調最後一句「遍插茱萸少一人」，我知道祖父當時的感觸，全家都能團圓，獨缺我父一人而不能團圓的遺憾，而今僅我一人流落海外，我所懷念的是我的全家，海那邊的爸爸，還有年幼的弟妹們是否安然無恙！唉！

我也情不自盡的念出，記不清是誰寫的，但正能表達我此刻的心境：

「千重山，萬重山，山遠天高煙水寒，浪人獨孤單，
菊花開，菊花殘，寒雁高飛人未還，一水天外間。」

出神州記

民國九十三年四月於臺北縣中和

民國三十八年，我由廣東省保安司令部調到剛成立的海南特區警備司令部直接指揮下的暫編第十三師，師長是陳濟南將軍，防衛司令就是當時所謂「海南王」陳濟棠將軍，是典型的廣東地方武力，擔任海口市警備任務，我是師通信連無線電技術員，沒有機器，自嘲為「一人臺」臺長，就住在司令部附近一家航空公司樓上，因為沒有裝備，沒有兵，每天也只有吃飯睡覺而已，可算是養尊處優，海南的天氣極為炎熱，上午可以看看書，下午只有泡在海南大學邊的海水裡，一泡就是整個下午，偶而也躺在沙灘上，仰看南國萬里晴空，藍天白雲，編織一些年青人的遐想與幸福甜蜜的幻夢，常常都是在一陣熱帶暴風雨後，回到現實，跑回營區，就算是一天

結束。

就這樣享受快半年多南國的寧靜，聽熱帶椰風蕉雨，過懶散慢節奏愜意生活，是三月下旬！有一天師部突然神秘兮兮的禁止官兵外出，馬上整裝待發，多餘行李一律集中保管，不准隨身攜帶，夜幕低垂，我們立即鴉雀無聲的上了由警總動員來的幾百輛各類卡車，指揮官嚴格規定不准講話與發出任何聲響，不准抽煙與發出任何閃光，就這樣浩浩蕩蕩，掩耳盜鈴，自認靜悄悄，但在震天發動機聲中，迅速的離開海口市，朝西部海濱開去，天快亮，我們隱約地聽到隆隆炮聲與斷斷續續機槍聲，大家才領悟到，我們的任務大概是在支援反登陸作戰，部隊迅速下車，在前面展開，我們在位於福山附近一處堡壘中，就戰鬥位置，沒有起床號，也沒有早餐，就這樣蹬在濠溝裡，司令部幕僚人員與直屬技勤部隊，每人由司令部臨時配發一支輕兵器，軍官配手槍；士兵配卡賓槍與少許子彈，就這樣也算士氣高

昂，一聽槍聲，就砰！砰！砰砰！亂射起來，招來一陣猛射，彈盡後才無可奈何，安靜的守在戰壕裡。

記不清是何年何月何日；更不知是今夕何夕？但可確定的一定是某月的月初，師部補給人員還隨隊運送了幾麻袋銀元薪餉，準備雖時發餉鼓勵士氣！不巧的是共軍的封鎖火力，咄咄逼近，一顆炮彈不偏不倚的命中了那部卡車，炸得銀元四飛！大家都目瞪口呆看到這幅奇異的景象，好像是天降銀元！就是無人異想天開想衝出去，發一筆橫財！生死關頭還是命重要！是真正的人性表現！

當地的游擊共軍，是有計劃的採取截斷行動，以逸代勞的奇襲我們，在戰術運用上是占了極有利的上風，但我們這支慓勇善戰的廣東陳家軍，

卻是虛有其威名，兵員既不足，當時吃空缺是冠冕堂皇的事；毫無實戰經驗事小，平時又缺少訓練，是名符其實，真正的烏合之眾，一到前線，槍聲一響，就嚇得屁滾尿流，更何況是奇襲！指揮官再沉著鎮靜，也是一籌莫展！就這樣熬戰一整天，共軍的疲勞火力封鎖，把士兵逼在陣地裡，頭也抬不起來，直到旁晚才決定申請海口戰術空軍支援突圍，但空軍未到，部隊已搶先離開陣地，在共軍無情火網封鎖下，衝出重圍，損失之眾，可想而知，連師長也不知去向，可算是打了一次很不光采的敗仗。

向同一方向突圍，幸運未陣亡，跟我碰在一起共三人，大家共推由一位營級幹部負責指揮，三人中只有我是外省籍，他們兩人都是廣東人，我們簡單的研判了一下戰情：依據前次登陸海口受困的都是北方人，這次登陸的也極可能是同一部隊，若聽到講國語，一定是共軍，我們就利用夜色迴避，若講白話，一定是友軍，我們就表明身分，海南當時鄉間無電氣設備，入夜後一片漆黑，三人就照討論後的決定行事，摸黑潛行，幾次誤撞入敵軍陣地，但都能很機警的化險為夷，就在如此鬼影幢幢，草木皆兵的情況下，分不清方向，也分不清敵我，只有盲目地亂撞亂碰，也不知走了多久，忽然隱隱約約的彷彿聽到是在講白話（廣東人稱一般廣東話為白話）的聲音，三人考慮了一下，不計安危，決定以投石問路的方式，將一只水壺用力拋向他們，這突乎其來「澎」的一聲，可能也把那位哨兵嚇了一跳！可是立刻聽到那位哨兵鎮靜的反應，是預期的熟習的回音：

「並哥？」（廣東話「什麼人？」）

我們的「指揮官」立即用廣東話回答，好高興我們連絡上了，也得救

了，我們都照那位哨兵的指引，雙手高舉武器，走入他們的掩體，安全的被收容。

他們正是戍守在海南西部海邊的六十四軍，只檢查了一下我們的隨身武器，詢問了一下戰況，確定了我們的身分後，友善的提供了一些乾糧與水，馬上編入他們陣營，緊急轉移陣地，連夜急行軍，開向八所港，鴉雀無聲，伸手不見五指，前後只靠伸手碰觸前人背包保持連繫，一路偶而還是聽到遠方斷斷續續槍聲，天剛破曉，我們已安然到達目的地，就是如此訓練有素的部隊，到目的地清點時，還是有幾支小部隊不知去向，也失去連絡。

在八所港碼頭休息，他們正從容不迫的架起行軍鍋準備早餐，外港的隆隆炮聲與機槍聲已漸逼近港區，長官一聲令下「上船」！一鍋一鍋熱騰騰的稀飯只得放棄，分批登上接駁小船，轉往海南島南部榆林港集中，與友軍會合後，才知道是保持軍力，轉往臺灣。

搭救我們的「諾亞方舟」是當時招商局旗下的一艘雙主桅小型海洋貨輪，臺安號，小小的一艘普通貨輪，擠上四五萬人只習慣陸上行軍的大兵，在我們心中，看起來真是一艘了不起的大「諾亞方舟」領著我們，迅速脫離戰場；航向期盼已久神秘的大後方！

貨輪必竟不是運兵船，只能算是救難載具！還是要忍受種種苦難的折磨與考驗。我們是特別幸運，分配船首甲板下右邊的走道區「特等艙位」上面有船首的甲板可檔風雨，門口可吸進充分的海風，享受超優等的空氣

調節，輪流比肩側臥片刻，也是人生一大樂事，第一天我們尚可以部隊分配乾糧裹腹，不致挨餓，一壺水也可暫保小命，其他人分配在輪機倉房裡，就只能享受專屬的暖氣（我國南海是屬熱帶地區，熱上加熱是夠受的）與震耳欲聾的輪機聲；貨艙區算是世界最大的客房，大家席地而睡，滾成一團，人聲鼎沸，幾天不洗澡的汗氣，與幾萬人的臭襪味，燻人透不過氣來，既是地獄；也是天堂，廁所是特等艙，享清洗方便，水更是特有的專利品。

經過一天一夜的搖晃，狀況逐次浮現出來，有的暈船，吐得死去活來，大吵大鬧要回家，有的是體力不支，奉主恩召，脫離苦海，找到了他真正的天堂，既無棺木，也無家人悲喪哭悼，只有寄身大海，享受隨波逐流的豪情，隨風而去！一日數起，令人慨嘆，也不勝唏噓。

分配到最上層甲板上的人，臥擁天地，夜覽星辰，陣陣海風，涼意沁人，洗盡日間暑氣。若天公豪爽，恩賜難忘南國熱帶特有的對流陣雨，風狂雨驟，既涼爽又沖去滿身異味，毫無遮掩，也不用躲避，讓「落湯雞」也變成嘻嘻哈哈最爽快的名詞了。

大雨後，偶而甲板上也會傳來一陣令人不愉快的騷動，有人因身體不好而墜海，也有人說他不願意去，也有人說他是不小心，謠言四起，莫衷一是，不論原因如何，同船的人都寄予無限同情與惋惜。

第三天，海上風浪突變，全船上下起伏，東倒西歪，一下沉入海底；一下又衝上浪頭，像是不知是誰激怒了海神，帶來這樣大的巨浪，上天好像也失去她的耐心與慈悲，整日怒氣沖天，風狂雨驟，大浪以排山倒海之

勢，猛撲我們這艘在茫茫大海中如此渺小的一葉扁舟，幾乎是要一口把我們完全吞下肚才罷休，船上無辜的官兵，只有捲服在她的神威下，任由其擺佈！一愁莫展，船長也無可奈何，不得不正式宣布航程遇大風（當時還不知道預報颱風這種名詞）為四五萬生命安全，免於全船覆沒，葬身海底，只有隨波採頂風航行，航期不知展延到何時，只好立即停止供應飲用淡水，餘水僅供輪機運作使用，自此大家十分珍惜保命的淡水，有的滲海水痛苦的吞飲，最黑心的就是那些不肖船員，抓著機會，謀取私利，偷賣淡水，一水壺一銀元，真是喪心病狂至極，事實上自第三天後遇颱風開始，大部分人都已斷糧斷水，士兵都虛弱無力，捲曲的擠在一起只有聽天留命，船無情的搖來晃去，叫你五臟六腑都要掏出來似的，那裡還有東西好吐！就這樣大家都在昏昏沉沉被折磨了幾天，好不容易有人看到陸地，那大概是澎湖，使我們才出現了一線生機，像逃出地獄似的，從迷濛中甦醒過來，

再看到陸地時，已經是高雄外海了。

等待許可進港、領航、靠港，只是要短短幾小時的事，竟等了整天也毫無動靜，對急於要登上陸地的士兵而言，真是度日如年一樣的難熬，全船士兵的虛弱，再加上三四天滴水未進，饑腸轆轆；病號急待後送治療，等等都是迫不及待的事，最後一道姍姍來遲的聖旨：卻是不盡情理的「不准下船；立及改航基隆！」消息傳來後，全船譁然！大家都充滿了悲奮、失望與不解！最怪的事，忍耐了五六小時不必要的海上折磨，到了基隆，靠碼頭後還是不准下船，要連夜改航花蓮！

唯一值得安慰的是：基隆熱情的歡迎群眾，送來大批寶島特產香蕉勞軍，士兵們拿到後如獲至寶，以填飽肚子最為首要，誰也未料到三四天空

腹後，突然猛吃這些香蕉的後果，船還未到花蓮，大家都像中邪似的，先後出現肚痛，腹瀉，沒有人發現這是空腹猛吃香蕉惹來的橫禍！好意變惡意，是一大美中不足！

船到花蓮，才是我們第一次真正接觸到美麗溫馨臺灣陸地，一長串動員來的牛車，由滿口日語且服從性極高的山地人駕駛，迅速有序的將我們有限的行李與武器，搬送到二次大戰中，被美軍轟炸成坑坑洞洞的廢飛機製造廠內，這就是我們的新營地，未來安身立命的所在！

臺灣！美麗的寶島；我們就這樣走進你的懷抱！

三生有幸

—浮生三記，三次大難不死紀實—

民國九十一年六月於中和

丘吉爾爵士在他傳記裡的敘述，早年他從軍的時候，有一次正守在戰鬥掩體裡，突然接到上級命令，要他立刻乘派來車子馬上回去開會，巧的是回來時，那個碉堡已被一發炮彈不偏不倚的擊中摧毀，整個掩體連一個影子都找不到，只剩下一個大坑洞，他百思不解，為什麼不早不晚要召他去開會使他逃過一劫，他認為這應該是「天命」吧！

在我的生命歷程裡，先後碰上三次該死而未死，更真算是命大，大難

不死，雖然沒有為我帶來「宏福」，但能使我力求上進，未輕易在落難中倒下，也算是大幸，隨興記下以供茶餘飯後，作趣事欣賞，博君一笑，若能提醒後進，時時警惕，奮鬥不懈，力爭上游，那也算是我對社會，盡了一分偉大的供獻了吧！

第一次是發生在我的家鄉，安徽省無為縣的一個小鎮，大概是民國三十四年的初春，因逃避日本戰火，父親怕逃難以致妻離子散，決定全家搬離城市，遷至西鄉小鎮蔣家山口，因父親任該鄉鄉長，就近照顧也比較方便，父親辦公的鄉公所就在新家的對面，當時我也僅是一個十一、二歲因逃避戰亂而無書可念的孩子，每天除了玩還是玩，因為家中空間有限，當然只有父親辦公的地方，不但地方大，而且又有新的玩伴，鄉公所門前有自衛隊衛兵站崗，小孩子最感興趣的倒不是衛兵神氣活現耀武揚威的樣

子，而是他在玩槍卡擦！卡擦！十分神奇！一次他正在表演裝子彈、退子彈，卡擦！卡擦！使我看得入神時，突然「砰！」的一聲出事了，群眾正在叫著：「槍走火」！「槍走火」！我還不知天高地厚地跟著鄰居的小孩子們在搶掉在地上叮噹響的子彈殼呢！而是聞聲而來的人們為我捏了一把冷汗，立刻將我抱起而且嚷著，「你被打中了！」「你被打中了！」原來我穿的唐裝棉袍，正從跨下兩腿間，不偏不倚的，前後各打了一個大洞，他們緊張檢查我兩邊大腿與中間重要的部分，才鬆了一口氣的叫出「沒事！」「沒事！」「小鳥還在」！當他們把我放下時，我還若無其事的一溜煙的跑回家去，事後倒霉的並不是我，而是那位喜歡為孩子表演的大兵叔叔，他被禁足一週呢！真倒霉。

第二次是民國三十八年，部隊駐防在海南島，本來我隸屬的部隊師部

是駐海口市，突然因海南西部福山地區沿海有共軍登陸，我猜想海南防衛佈署大概是沒有什麼預備兵力，一旦前線吃緊，連像我們這樣負責都市衛成部隊，也不得不緊急動員支援前線作戰，一進入戰區，部隊尚未完全展開之際，師本部就被圍困在一個狹窄的堡壘裡，毫無伸展的餘地，苦撐了四五個小時後，受命由空軍支援突圍，事實上在開始突圍時，並沒有得到空軍適時的支援，在離開戰壕向前直衝，連滾帶爬，逃出火網，前後左右的戰友相繼中彈倒下，幸存的連我似乎也沒有幾人，一起衝向樹林尋求掩護，聞有軍機臨空時，情不自盡衝出空曠野地，瘋狂舞動雙手表示位置，卻招來一陣無情掃射，轟得頭也抬不起來，要不是老天庇佑，天色漸暗，保住我們這幾條小命，不然恐怕早就成為這個海島的孤魂野鬼。

第三次是執教近卅年後，怎樣也沒想到，政府會全面開放出國觀光，更沒有想到這樣快就能圓了我多年嚮往去歐洲的美夢，第一站是法蘭克福，所接觸到的遍地都是如茵的綠地與繽紛的園野，全程我都縈繞著在藍色多惱河的旋律裡，如夢似幻，當進入天堂國—瑞士，到處都是碧湖藍天，我們住的就是位於盧森湖畔的一間小旅館，我所高興的倒不是她一定要有時下五星級的華麗，而是一出後門，三步兩步就到湖邊，不遠的兩邊，都是私人的遊艇碼頭，我們旅館區也是如此，但保有遊客入水的通道，我被吸引而情不自禁的佇立良久，一位當地老人正做他每天例行晚泳，也許他誤認為我是在欣賞他的泳技，特地仰起身子與我搭訕，可能他也很快發現我是黑髮黃膚的異鄉客，特意用英文說：「Come on!the sun soon goes down!」當然我也簡單的答上幾句寒暄「Yea! nice lake isn't it!」說著他也游向他的遊艇那邊去了，回旅館，我的確領會了那位老人好意的暗示：「夕陽無限好！」換了泳衣，帶了浴巾，就往湖邊衝去！在湖邊游了幾個

來回後，還意猶未盡，查看湖中心約二百公尺處，有一木製方型平台浮在水面，不想而知，是專為泳者休息而設，我不加考慮就向那平台游去，到達時十分有滿足感，更有說不出成功的喜悅，但也感到有點累得手都抬不起來，我因為興奮過度，根本也未考慮到湖水清澈見底，雖風平浪靜，但毫無助游浮力，不宜久游，而且天色漸暗，我已感到有危險性，沒有稍加休息，即加速回游，但已力不從心，更何況欲速則不達！尚未游到距岸三分之一，就已精疲力竭，腳雖在動；手也在向前扒，但就是不能前進，反而感到一直在往下沉，在緊張手忙腳亂之際，很想叫「Help!」只要我一表示，岸邊馬上就有人拋救生圈給我，救生艇也會馬上來救我，但由於東方人的矜持而未叫出，我由於長久游泳的經驗，立刻冷靜片刻，停止奮力的搏鬥，改採仰式慢慢保持浮游，這才能穩定下來，向泊岸最長的一艘遊艇尾部游去，比平時花去二、三倍時間，終於碰到那艘船的尾部，在觸碰的

那一剎那，但我情不自禁的脫口而出，叫著「Oh! my God!」我終於得救了！

到目前我已經整整虛度了七十個年頭，從逃難到從軍，再從大學到留學，在我的生命歷程裡，雖然沒有什麼大富大貴，但總認為夠多彩多姿了，我十分珍惜三次該死而未死卻意外獲得的新生命，感謝蒼天賜我厚愛，讓我多活了這麼久，我自信我的體力還算得上是健壯，還能繼續再活下去，活得會比別人更有成就，更有價值，更有意義！

迢迢回鄉路

民國七十八年七月一日於台北大安

半壁山河起狼煙，浪跡天涯尋夢園，
漂羈孤島逢春日，夜夜思親夢裡歸。

七十八年暑假，我終於踏上我魂縈夢牽，日夜思念，闊別四十年的回鄉之路，長久的隔離，兩岸終於好不容易破除層層障礙，首度開放探親，在期盼中，我迫不及待的預先辦好離台出入境手續，一經正式宣佈，我就馬上搭機，經香港輾轉飛滬，計畫是十分周全，可惜一開始就出師不利，班機在松山機場未起飛就碰上故障，要緊急維修，害得歸心似箭的我們，只有在機上苦苦的等，原定上午十時就起飛的頭班飛機，延到中午十二時

才離開台北，到香港又把我中午十二時轉接中航飛上海的班機行程打亂，幸而得中航體恤我四十年才能回來很不容易，偏巧又碰上班機延誤的困境，熱心概允全力協助，幫我找到當日另一家公司飛滬最後一班航機，安插了一個機位，機票費由他們負責轉帳支付，終於使我未多花半分錢的情況下，順利轉機，到達上海已是華燈初上時刻。

可是入境時又碰上麻煩，由於我入境申報單是用英文填寫，可能是因為我在機上是坐在一位洋人旁邊一直是在用英文交談的關係，所以空姐也就順手給了我一份英文申報單，我一面填寫，一面也在納悶，四十年不曾回國，難道社會主義祖國連文字也國際化了嗎？當我正墜入一團迷霧中，不巧入境又走錯國門，拿出台胞証走外國人通關閘門，又被沒頭沒腦的臭罵了一頓…

「你是台胞嗎？台胞為什麼寫英文？重寫！」

「你們不是從這裡入關的，那邊有台胞入境專用的門！」

「帶三大五小嗎？不拿提貨單出來驗章，怎樣可以免稅！」

我是期盼這麼久才等到今天頭一次回來，怎麼也不知道有這麼多項瑣瑣碎碎細節，弄得我頭暈腦脹，既然回來，只有逆來順受，好在我是一個有耐性且倔強的人，到美國念書，來來去去都是單槍匹馬，很少發生問題，想像中回家嗎？還有什麼問題呢？可是這次的確碰了一個大釘子，我像從未出過門的「土包子」似的，那裡都不對勁，連簡單的入境通關都過不去，

真夠衰了，這樣整整的被整了一個半小時，當我一通過出關大門，就彷彿有人在呼喚我的名子：

「光中！…光中！…光中！…」

我的天啦！真的是我的弟弟，我的阿姨，他們一直守候在接機大廳門口，見人就喊，從第一人到最後一人，整整的等了十個小時，喊了十小時，從一點鐘以後每一班到達班機，他們都是等在出境門口，自信滿滿的不斷的在呼喚著我的名子，一班機到另一班機，從不抱怨，也不放棄，可是就是看不到我的影子，相信我一定會回來的，於是就這樣一班一班的等下去，結果終於把我等回來了。

要不是我和我的家人這種奇妙的共同堅定的信念，一定要今天趕回去，要不是中航熱心協助，天啦！他們不知還要等多久呢？當時他們並沒有能力裝電話，要像現在人手一支行動電話，那就不必這樣苦等了。

我帶著萬分的歉意衝過去，什麼委曲也不用訴說，只是擁抱在一起，哭在一起！最後阿姨與弟弟還是忍不住埋怨了一聲：

「怎麼這麼久才到上海」…？

受了太多的委曲，我實在也無話可說，心裡想著：阻隔了半個世紀「回家的路，真的太長也太遙遠了」！

兩岸開放快十多年了，我們一直還在走這條蝸牛爬樹的老路，而且愈行愈遠，小百老姓的權益，永遠敵不過可惡有野心的政客！可恨！可恨！⋯⋯天呀！迢迢回鄉路，何時才能讓我們這些白髮蒼蒼的老人們少受一點舟車顛沛之苦呢！

美國來去

民國七十三年六月於台北大安

幾次進出美國，都還是在我們戒嚴令管制下，一般人是不能出國的，我們是受邀參訪，簽證，出國離境手續，還是十分繁瑣，保證金、護照、以及美國簽證，面試等等，缺一不可，而且美簽都不能委托旅行社代辦，十分令人心煩，初次出國，尤其是到美國，心情是特別興奮，當然不在話下，但對出境手續之繁，被整得七葷八素，現在想起，還是牢騷滿腹，尤其是中正機場出關，更是叫人火冒三丈，都是像對待走私犯人一樣，把出國的行李，翻來覆去，弄得零亂不堪，還要在匆忙中，汗流夾背的重新整理一番，毫無私密可言，加上又怕趕不上班機，手忙腳亂，嚴重歇斯底理，緊張兮兮，連一直放在手邊，隨時要用的護照、機票都不知放在何處，真

是狼狽極了。

中美斷交後，要去美國，更特別困難，因為他們怕大批華人湧入美國，一開始簽證是要傳到第三地香港，一週後才能拿到還是幸運，第二次出去就是在這種情況下辦理，好在這次是政治大學與美國姐妹校印地安那博爾大學（BALL STATE UNIVERSITY）做學術交流，雖然如此，申請出境、辦理簽證，還是一點也不能省去，沒有方便到那裡。

相反的美國不論在落山磯或芝加哥入境時，就輕鬆多，所有行李均不消一顧，全部不檢查就通過，輕鬆的搭上負責接待我們的印地安那大學派來接機的巴士，直往印地安那州蒙西市博爾大學（BSU）揚長而去，從芝加哥到學校，整整走了五個多小時，但瀏覽公路兩邊畢直整齊的公路與碧野

萬里的田園風光，綠茵的草地，就已經心曠神怡了，長途飛行的辛勞與疲倦，早就丟在腦後，一路興奮異常，到達學校時已近黃昏，校園沒有圍牆，何時進入校區，沒有人知道，校區十分清靜，校園裡也沒有看到學生，只有中國同學會留有幾位服務同學在引導我們，幫忙搬運行李，事後才知道那天是星期五，他們的週末，難得的是他們能在寶貴的假日中還是預留了一些接待人員，將我們安置妥當後才一一離去，第二天一早，美國友人帶來一大堆當地報紙，每人一份，頭版一大篇都是報導我們到訪的消息，真使我們大感意外，看到自已的照片，沒想到自已也變為新聞人物。

教授們的特別洗塵宴

我們到達時間是星期五，有足足二天多時間可以調整十一小時日夜顛

倒的時差，學校並沒有立即安排研討課程，星期一開始，首先就由教心系首席教授蓋爾博士——當代人文心理學大師——特別在家設宴為我們遠自東方來的稀客洗塵，菜單很特別，由教授群夫人們一人準備一道她們最拿手的菜餚款待我們，讓我們能真正品嚐到當地美味。

他們通常在家中辦的餐會，一直是以輕鬆愉快氣氛為主，讓客人有賓至如歸之感，我們為了尊敬邀請的主人，還是正襟八百的打了領帶，換了西服，帶來贈送的禮物，希望主人也感受到我們的真誠熱情的友誼。

餐會在美式輕鬆活潑搖滾節奏中進行，各拿各的碗盤，有次序有風度的挑選自己喜歡的菜餚，其實大家對道地美國中部菜色了解也並不多，只靠眼觀鼻嗅去探索，碰碰運氣，最妙的發現其中還有一電鍋道地的、香噴

噴的熱飯呢！主人設想周到，真叫我們大吃一驚！我們一邊吃，一邊贊不絕口，使我們能真正品嚐到難得道地的美國中部，豐盛典型的英式菜餚與它的特有風味，還有熱誠洋溢的異國友情，餐過一半，女主人蓋爾博士夫人突然起立，全部目光集中到我們美麗的女主人身上，音樂轉為小聲後，以她高雅的風度，適度的音調，在掌聲與歡呼聲中，她一一介紹參加的貴賓，有教育學院院長卓克博士夫婦，推廣教育系主任羅林斯博士夫婦，教心系主任費雪爾博士夫婦，教育行政系主任力斯普博士夫婦，外國人設想的周密與招待的熱誠，真令人讚佩，並沒有照俗套一開始就給你長篇大論，疲勞轟炸一番，讓你望菜興嘆！餐畢，我們送給參加的客人每人一份事先準備好的禮物，雖禮輕但頗能顯示中國人的特色與我們全體的心意，也能得到夫人們尖叫與不斷掌聲！最後為了答謝他們盛情招待，我們全體起立，唱了一首「台灣好」和「友情」，經在該校的中國學生一一口述歌詞含

義後，引來他們不斷如雷的掌聲，同時也引起一位博士夫人的共鳴，不讓我們歌聲專美於前，自動選唱了一段茶花女中飲酒歌與我們同樂，她並不是職業歌唱家，但她的歌聲圓潤與高吭，表現出她是極有聲樂素養，歌聲一結束，大家起立向她致敬，如雷的掌聲，安可！安可！不斷，餐會就在如此興奮與安可不斷，欲吧不能掌聲中，依依不捨，情緒極為高昂的氣氛中結束。

蒙西市長與印地安那州長接見

在結束研討會前一週，我們分別接到 蒙西市長與印地安那州長的接見，大家都高興不已，我們只代表台灣中等教育的教師們，做一些微不足道的教育交流而已，以吸取先進的教育經驗，做我們在教學上參考，未料

到受到當地政府與州政府如此重視，州長羅勃特、歐爾先生在接見時破例不用他的會議室，而是在辦公室接待，顯得更親切自然，沒有官式長篇大論的歡迎詞，只是些閑話家常，噓寒問暖而已，閑談中他順手拿起放在他辦公桌上一隻來自台灣的工藝品象牙大象骨骼雕刻，對我們解釋說：「你們知道這隻象為何瘦得只有骨頭沒有肉嗎？因為美國現在經濟不景氣，市場蕭條，大象已經好久沒吃東西了！」州長很技巧的用雙關語而且幽默的方式說出美國當前經濟窘境，特別逗得大家哄堂大笑！最後歐爾州長還是由衷的要我們捎回這隻瘦象的訊息，多買一點印州的農產品，救救這隻大象！

（大象是美國民主黨的黨徽）

蒙西市長愛侖、威爾遜先生為了一盡地主之誼，除每人贈送一面榮譽市民牌外，最實惠的就是在研討會期間，特別增派一輛他們新購的巴士，

一天一次免費為我們從學校到購物中心間做交通服務，他半開玩笑的說，是要我們幫忙多刺激一下他們市場消費量呢！

其實在臺灣人的眼光裡，對美國人的第一印象，總認為他們都是很有錢，沒想到在他們中部農業區內，農人們的收入還不及我們當時老師們收入的一半呢！難怪他們反而把我們看成「採購團」！

綜合我們多年來對美國人深入接觸與觀察，美國人對朋友都很熱誠，也很有禮貌，並不亞於禮義之邦的中國人有過之而無不及，諸如餐桌禮儀，特別是開車禮讓行人，他們做的最澈底，而且全國都是如此，反而是我們這些東方人感到自己命大，不敢冒然的穿越馬路，乖乖的等在路邊讓他們先走，結果害了他們等了半天，指手劃腳，才把我們請過馬路，他們才漫

漫的揚長而去。

「對不起，借過！」是他們毫不吝嗇的口頭禪，也許是校園吧，對方根本上不會與你擦身而過，他們總是在三四步外就先說出「EXCUSE ME」！最初我們很不習慣，久而久之，我們也感到臉紅，不能永遠當老大，也開始使用這句謙虛禮讓的話表示風度，至少也能溶入他們文化，入境隨俗吧。

美國人時時都在表現他們的優越感與最佳風度，尊重女性，心甘情願在公共交通工具上讓座老弱婦孺，一點也不虛假，有公德心，熱心助人，這些都是他們高度文化教育的真實表現，反之，看看我們自己，驕傲的徒然擁有五千年文化文明，但是以農立國太根深蒂固，太窮了，到現在才知道改革，急起直追，大家都忙於賺錢，除舊立新，也許是文化文明不能填

飽肚子，嫌其落伍，反而將那些值得驕傲的東西忘了一乾二淨。

大部份美國人並不富有，他們差不多都是寅吃卯糧，習慣使用塑膠鈔票（信用卡）、支票而少用現金，有借貸作用，至少一個月後才付款，他們沒有儲蓄習慣，實際上每月收入，都是「從手到口」，根本上沒錢好存，所以離開大城市，在小市鎮消費不高時，千萬不要動不動就拿出在出國結滙，為了攜帶方便，所換的都是百元美金大鈔，去支付小額消費，要他給你找零，這樣會使他們不便，會遭致狠狠的白眼—是輕視不友善的眼光，可能你一下反應不過來，無法領會。

美國富有的是資本家與美國政府，他們才是真正的實力雄厚，富甲天下，可憐的是那些居無定所，三餐不繼的小百姓，尤其是那些窮苦懶惰的

黑人，既沒有錢、也沒有社會地位，到處受輕視，更談不上政治平等，「人權」只是對待那些他們認為不友善國家政治鬥爭的專用名詞而已。

美國政府的富有是靠向百姓抽稅來的，所以去美國住稍久一點的人，常會聽到一般百姓常發牢騷，「這樣要稅；那樣要稅，政府萬萬稅！」偶而你也會看到黑人搶劫、暴動、打警察，反而更時常被打！美國人俱有所有白人相同的優越感，對所有有色人種都看成異教徒或異類，總是格格不入，看不順眼，要講融和，講平等，我看是很不可能的事，官樣文章是另當別論，政客是一相情願，唱唱高調，總是會有人唱和與鼓掌。

黑人要飯吃，更要活下去，是現實問題，每個政治人物也要他們的票，嘶喊一陣「黑白平等」，比要他們活下去還要響亮，天曉得黑人的明天是什

麼！這就他們不為人道的社會問題，他們避而不談，更不願去管，因為他們自認是世界唯一最強最大的國家，是世界警察，當然要管的是只有世界的大事！

春風化雨卅年

THIRTY YEARS TEARCHING

錢光中 著

論述篇

制約學習與懲罰對行為改變的影響

民國六十四年六月於政大

（原刊於臺北市政府教育局教育會《教與學》月刊十一月號，中華民國六十七年十一月三十日出版）

壹、前言

人的行為產生，依據學者們的研究，可概分為二類，一為出自本能，如聽到爆炸聲會自動掩耳，看到蛇會自動退縮等。另一類為出自社會學習，如各種知識與技能學習等，屬認知的範疇。人的本能，是先天性，受遺傳的影響，本文不擬詳加探討，後天的，是社會化學習範疇，對人

的行為影響極大，且由於人的個別差異，各人在社會化過程中，所領悟的程度，亦因人而異，致有完全社會化與部分社會化之別，完全社會化，當在社會學習過程中，是所希望的理想目標；但部分社會化，甚至不能社會化的少數人，就產生了社會問題，不能適應社會，以及產生問題行為等等，會帶給他個人以及他生存的社會各種困擾。

正因為這些個人以及社會的種種問題，是由於學習而產生，同理，當然我們也可經學習途徑，促其達到較為完美的學習目標，減少錯誤行為，本文將選擇可能作為手段部分，加以運用，加以比較分析，以供教育上參考。

制約學習（Conditioning Learning）包含巴夫洛夫（I.P. Pavlove）的古典制約（Classical conditioning）與斯肯納（B. F. Skinner）的操作制約（Operating conditioning）。至於懲罰，本文所探討的，僅限於在改變行為的歷程中，所使用的負加強（Negative reinforcement），其作用有二：

一、是有計劃的對已有而非所預期的某項反應加以阻止，用以削弱再出現的可能，以期建立新的所預期行為。

二、僅屬於工具性（tools），方法性（means），與處理性（treatment）的中間媒介作用，是手段而非目的。

貳、制約學習的實例與試驗

一、古典制約學習[註1]，最早是依據俄國生理學家巴夫洛夫（I.P.Pavlov）以狗的食物刺激所引起的唾液反應，巴氏認為狗只要看到或嗅到食物，便會分泌唾液，此種現象，是由於以前的經驗或學習而產生，巴氏續證明中性刺激也可引起狗的唾液反應，他以鈴聲與食物的配對出現，在未給狗食物前，先出現鈴聲，約零點五秒後，再給以食物，本來鈴聲是中性刺激，不會引起狗的任何唾液反應，但由於聽到鈴聲後，接著會出現食物的聯接作用，經多次練習後，聯結加強，最後雖沒有食物，只要鈴聲一出現，狗便會有唾液反應，此種反應歷程，是一種交替學習結果。

（一）教育上運用

語言練習以及外國語文學習，均可運用是項學習法，加強刺激與反應間聯結，如母親在拿奶瓶餵奶前，先說出「奶」的聲音，然後再拿出奶瓶餵奶，久而久之，小孩子肚子餓了，就會自然叫出「奶」的聲音出來。同理，外國語文訓練，亦可採同樣歷程，以聲音與實物或實物代替品，文字或圖片交替出現，就會產生制約反應。

（二）對行為的影響

如我們講述一段偉人成功的故事，然後再說明偉人的成功是由於他不斷的克苦奮鬥，堅毅與有恆，才能得到最後的成功，在理論上，每在人意識到一個偉人時，就會聯想到克苦奮鬥的行為表現，若要成功，就要努力，依據推理，應該是必然性很高，可是事實上

由於每個人的學習動機的不一樣的差異，而且是受人為環境所操縱，故行為結果無必然性，在行為改變的運用上，因無終點目標，故無法作行為改變的評估。

二、操作制約學習：是受桑代克（E.L. Thorndike）效果率影響極大，桑氏認為「若反應後個體獲得滿意的結果，則刺激與反應間聯結加強，反之，若反應得到煩惱的結果，則刺激與反應間聯結便減弱」註2，後經斯肯納（B. F. Skinner）加以擴大的試驗與運用，斯氏以老鼠壓桿而獲得食物的試驗結果，由於食物立即獲得而受到加強的鼓勵，自剛開始的盲動，然後到練習次數增多後，一入籠中，都會壓桿就會取得食物，而不致盲動，斯氏最後的結論是：「如個體表現一種

行為後，能導致一種結果，此種結果，便足以影響他未來的行為」。註3

（一）教育上的運用

由於斯肯納的試驗，壓桿後立即獲得食物，是一種報償，為了繼續能獲得是項報償，每當老鼠放入斯氏試驗箱內，老鼠立即壓桿，此項新的行為建立，是由於報償獲得而加強，故行為受行為的後果而決定。故每當嬰兒笑時，母親就曾給他愛撫，每自動做對一件事後，就立刻給他讚揚，在教室裡為提高學生發問的興趣，每次對自動發問的同學，馬上給他口頭鼓勵，久而久之，學生發問的行為，便很快成為自然的風氣，學生在教室裡發問率就會自然增高。

（二）對行為的影響

由於行為受到鼓勵而增加出現率，反之，也會由於鼓勵的減少而降低出現率，故用鼓勵為手段時，使用時機，次數，連續或間歇等等因素，都應一一加以考慮，才會得到預期的效果。

總之，由於古典制約與操作制約實驗情境不一樣，古典制約學習，狗是被動的，由於實驗者利用環境（食物）來操縱，以引發狗的反應，操作制約，老鼠是主動的，由牠自己壓桿，自己操作環境，故有主動與被動之差異，在運用上應因時因地制宜，才能達到運用之妙，與事半功倍之效。

參、懲罰的試驗與對行為的影響

一、有關「懲罰」，大部分教育家以及心理學家，都一致反對，原因是不人道，容易造成敵對的行為，故早期的研究結論，大約可歸納為以下五點：註4

（一）、是減慢而不是消除行為。

（二）、是用來阻止不良行為，而不是建立正當行為。

（三）、會導致消極的逃避，逃學以及欺騙說謊等行為。

（四）、會使人失去自發性與應變性的能力。

（五）、經常會使父母以及老師們用教訓的方式，企圖以他們不喜歡的方法，去改變他們不良行為。

二・不論「懲罰」的效果是如何有限，懲罰對阻止不良行為的媒介作用，目前還沒更好的方法可以取代，無可否認，懲罰會導致一些不良後果，但這些不良後果，並非出自懲罰本身，而是種種人為因素誤用的結果。註5（The undesirable by-products are not inherent in the technique itself but stem from faulty application）。因之，赫爾（R・Vance Hall）等人從懲罰反面提出三個問題，以研究正確使用懲罰的可行性。註6

(一)、施以少量而短暫的痛苦經驗，為阻止終生不適應而使個人懾服，是人道還是不人道？

(二)、為什麼有些懲罰經驗（如要小孩不要摸滾開水，結果因不聽話

而燙傷了手），是有效的阻止了某些不當行為，結果根本上不會產生任何心理上的不適應問題。

（三）、教師處罰學生真的會傷害師生感情嗎？

三、問題的分析

（一）就破壞師生感情分析：此中牽涉因素有二：一為老師，其次是學生。就老師角色言，如老師本身屬懲罰性的人格特性，或者是屬情感不穩定型，轉移而遷怒於學生，這是外來的人為因素，是絕對的屬於少數。若就改變學生行為的概念而言，根據前人的研究，只要是合於認知性的行為糾正為目的，依據劉國光先生的研究：「對學校使用懲罰：百分之八十八的學生，不表怨

恨。對家庭施行體罰：百分之七十四的學生，不會怨恨。對使用懲罰的老師：百分之六十四的學生，不致怨恨或生氣。」註7

（二）就正確使用懲罰的可行性分析，仍以赫爾（R. Vance Hall）等人的試驗加以說明：

一、問題試驗

（一）個案背景：註8

安維亞是一個七歲大有重聽的女孩，在堪薩斯市立學校正式註冊接受心理障礙糾治訓練，根據個案初步觀察，她常打人

咬人，根據他的老師報告，安維亞的病情十分嚴重，以致正式的教室課程都無法進行。

（二）觀察紀錄：

安維亞在教室內打人咬人的行為，都由指定在教室外的觀察者加以紀錄，為了校正紀錄的正確性，老師也在研究期間內，以不同的六天加以紀錄，結果其平均紀錄的一致性是百分之八十六。

（三）起點行為：

在正常狀況下，患者打人咬人的次數分別用圖表加以紀錄並圖示，以六天為一觀察階段，其平均出現率是每天七一點八次，由此驚人的數字了解，安維亞在班上的確是一個大忙人。

（四）糾治試驗：

用伸手指責的方式，並同時大聲叫出「不可打人！」「不可咬人！」作為懲罰手段，以阻止或糾正其不當行為─咬人打人，照此方式作連續十八天的糾治試驗，結果使安維亞的打人咬人行為降至每天平均五點四四次。

（五）驗證：

確定安維亞的咬人打人行為的次數減少是由於是項懲罰試驗糾治的結果，而不是由於其他因素，試驗作問歇性恢復三次，當老師沒有用手指責與大聲嚇阻「不准打人！不准咬人！」時，安維亞的行為出現率每天增至大約三十次。

（六）最後試驗：

當老師恢復前項糾治方式時，安維亞的咬人打人行為降至每天平均僅出現約三點一次。

二、分析

（一）就懲罰作為阻止不良行為而言，是項試驗大致可以被接受，也就是說懲罰是有效。

（二）就二次間歇性試驗結果，第一次降低約五、四四，第二次降低至三、一，分析其原因：當然不是全靠「指責」與「嚇阻」的懲罰效果，而是同班的同儕團體相互影響之結果，因為他們從不被老師指責與嚇阻給了她很大的鼓勵作用。

（三）懲罰的作用是有一定的限度，當不用或取消時，不良行為則很可能會恢復。

肆、綜合結論

無論是制約學習，或者是由於使用懲罰手段，用以引導學習，其目的均在促使人能達到完美的學習意境，建立其正常的社會行為。由以上的分析，無論是正向加強或負向加強，均需要適時適地的靈活運用，才能盡教育之全功，因之，綜合以上分析，得以下三點結論；

一、對人的學習行為適當處理（Treatment），要因人、因事、因時、因地制宜，要考慮糾治的對象年齡、智力以及情境。若是敏感的對象，只要一點申斥，就足以促其警惕。若是一個具自卑感或膽小人格特性的對象，則一句申斥，則可能使其驚慌失措或引起更嚴重的後果，故實施時不可不慎重。

二、加於痛苦經驗時，只能適用短暫的嚇阻，不可長久使用更不可傷及身體，以及個人之自由與人格。

三、要正加強、負加強、給予、撤銷，交互運用。原則是多鼓勵，少懲罰；改變不良態度時，宜「獎」「懲」並用，建立新行為時，則多用鼓勵，而不用懲罰。註9

附註：

註1：張春興、林清山：教育心理學 P 72-74

註2：同註1 P 75

註3：同前 P 77-78

註4：Contemporary Issues in Educational Psychology, 3rd Ed, Harny F. Clarizis et al, Ed. 1977. Allyn and Bacon Inc. Boston Mars P. 313.

註5：同前，註4

註6：同前

註7：劉國光「論體罰學生問題」，臺灣教育輔導月刊廿二卷、十期 P7

註8：同註4 P 314-315

註9：同註1 P 228

參考文獻

一、陳榮華：行為改變技術 中國行為科學社

二、張春興：林清山教育心理學　文景
三、賈馥茗：教育論叢第二輯　文景
四、國立臺灣師大教育研研究所：教育研究集刊　第十九輯
五、劉國光：論體罰學生問題　臺灣教育輔導月刊 廿二卷　十期
六、Encychopedia of Psychology 1973 Torming ed
七、Contem PoraryIssues in Educational Psychology 3ed Ed, Harny F. Cearizes et al, 1977
八、Theories of Counseling and Psychotherapy, Patterson, University of Illinois 1976

懲罰問題的探討

（原刊於臺北市工《市工學報》第一期，中華民國六十四年六月出版）

民國六十四年三月於政大

綱要

壹、前言
貳、懲罰的界定
參、懲罰的理論根據
肆、懲罰在教育上的運用
伍、結論
附註
參考文獻

壹、前言

一、懲罰的「過去」與「現在」

懲罰對教育前輩來說，是一種「以儆效尤」的嚇阻作用，而在威權時代是「以牙還牙」罪有應得，近似報復主張，都是矯正不良行為的手段，社會大致認可 — 所謂「不打不成器」，就是當時公認的合法性，沒有人認為是不對，為何目前大家都認為「懲罰」是有疑問而得不到社會一致的認可呢？追究其原因：是社會在進步，社會價值取向要求水準提高，民權與人權也自然的水漲船高，因此個人的權利與價值才漸被提昇，也漸受重視。

在知識與教育極不普及的過去，社會是受部分受過教育的人所掌控，當然一般人也皆以他們的價值取向為理所當然。因之，幾乎找不出任何異議之聲，然而，社會發展到目前，教育普及，風氣漸開，個人價值的社會取向，高於一切，當然懲罰問題一變而為「昨是而今非」。由於「懲罰」問題的過去與現在的價值觀念互異，而形成懲罰問題的「代溝」，這種「代溝」如不適時適切的加以調整，則會演變為當前的嚴重社會問題。

二、懲罰問題

由於前段問題癥結之所在，目前已在教育上引起廣泛的注意與討論，到目前為止，大部份的結論，都對「懲罰」是一種唯一必要的手段存疑，在學習活動的歷程中，阻止某些不希望的行為，而促使其預期的某些行為

早日出現，在學理上是用一種負加強作用。但缺點是當該項負加強撤銷後，預期行為的出現率也隨之降低。因之，大部分學者以及心理學家們都一致主張，多用正向加強─獎勵，少用負向加強 ─ 懲罰，也就是說多鼓勵少懲罰，這是比較溫和的中性結論，本文也同意是項概念，其理由當在以後各節，詳加闡釋。

三、撰寫動機

有鑑於懲罰之「昨是而今非」的因素，以及「懲罰的過去與現在的代溝問題」，本文擬藉各家對這方面的討論與研究，運用合理的綜合與分析方式，對各家意見加以統整，並以行為學派的理論與觀點，加以比較分析，重點在懲罰方法的運用與可行性之探討，以作教育上之參考。

貳、懲罰的界定說

一、各家界說：

（一）、陳雪屏：懲罰是一種工具，我們拿它來控制兒童與成人的行為。註1

（二）、張春興、林清山：凡是授者所施予受者的任何行為，能使受者產生痛苦的感受，都稱之為懲罰。註2

（三）、懲罰乃是安排一種情境，提供可使個體產生痛苦的某種刺激，阻止其已有的某種反應出現，以養成不對某種刺激反應的正確習慣。註3

（四）、陳榮華：藉直接加予個體所厭惡的刺激，使不良行為的出現率減少，或其削弱的現象，稱之為懲罰。註4

（五）、懲罰是依反應所呈現的厭惡結果。註5 （Punishment is presentation of an aversive event contingent upon a response.）

（六）、懲罰是一種有計劃的運用，由成人給予兒童或兒童團體的一種不愉快的經驗，作用是在影響他們的行為或更遠程的發展，其目的則完全基於他們自已的正常發展。註6 A planful attempt by the adult to influence either the bebavior or the long-range development of a child or a group of children, for their own benefit, by exposing them to an unpleasant experience.）

（七）、懲罰是任何一種行為的結果，用以削弱將來可能發生的某種行為。註7 (Any consequence of behavior that reduces the future probability of that behavior.)

綜合各家對「懲罰」的界說，可歸納為以下的界定：懲罰必需是有計劃的運用，以個體正常發展為基準，對個體產生不愉快的刺激，使其不預期的行為減少出現率，進而建立新的預期行為。

二、本文界定：

本文所討論的「懲罰」是指在改變行為的歷程中，所使用的負向加強(negative reinforcement)，其作用是：

（一）、有計劃的對已有的而非所期望的反應，加以懲罰，用以削弱其再出現率，以建立新的所預期的行為。

（二）、本文所使用的懲罰，僅限於工具性(tools)、方法性(means)與處理性(treatment)的中間媒介作用，是手段而非當作目的在運用。

壹、懲罰的理論根據

依本文的界定，懲罰的作用，概括言之，不外是社會控制與教育控制，社會控制偏重於道德與法律上的觀點，對罪惡行為加以扼制，其懲罰理

由：主張以「報復」、「懲戒」、「嚇阻」及「矯治感化」等方式實施，屬道德與法律的範疇，有其存在的價值。但以教育控制而言，以報復主張實施，似不適於教育上之運用，原因是教育目的是有教無類，不但要盡教導之責，而且要感而化之，重在認知上的內化作用，使其有長期的氣質變化，惟有矯治與感化，較接近教育的宗旨，故無論從教育哲學上或教育心理上都可以找到立論的依據，茲列述於后：

一、苦樂主義學派：本派代表人物，有邊沁（Benthem）、亞里斯戴布斯（Aristippus）與斯賓塞爾（Spencer）等，他們的學說，都一致認為，苦樂為善惡標準，不論從何種假定出發，所有道德學說都承認：「凡行為的全體結果，是有益的，這行為便是善，凡行為的全體結果，是無益的而使他人受苦，這行為便是惡」，所有人判斷行為的最後標

準，都是行為所產生的快樂或痛苦，[註8]此派的哲學觀點，是以個人的快樂與痛苦的兩極端，經過社會化的心理歷程，成為大眾善與惡的社會道德標準，這裡所謂的苦，即是目前教育上所有之懲罰，具有相同的教育意義，在作用上應是相通的。

二、桑代克的效果律（Law of effect）：教育上的懲罰，大部分都認為桑氏的學說為一有力論證，他認為：「學習乃是刺激與反應的聯結，而聯結的強弱，則依反應的後果而定，若反應的後果使個體獲得滿意的結果，則刺激與反應之間的聯結加強；反之，若反應得到煩惱的結果，則刺激與反應間之聯結減弱」。[註10]桑氏於一九三二年，修正他的部分說明，他認為「懲罰未必使刺激反應間的聯結減弱；懲罰如果有效，而是在於逼使個體從事他種反應，並從而得到報酬」。[註11]桑氏前後的論證，並非是自相矛盾，而是懲罰與獎勵交互的運用，才能得到更高的教育效果，在教育上當然也有其不可忽視的價值。

三、教育心理學家試驗的結果 — 制約學習論：註12

斯肯納（B，F，Skinner）的操作制約學習，依據斯氏的試驗：老鼠也會避開電擊的通路，繞道而過，因無意中碰到了門，打開後得到食物報償，經連續試驗後，只要將老鼠一放入籠中，它都會有正確反應，開門並馬上獲得食物的報酬，如此，在不斷的練習過程中，逐漸將錯誤的淘汰，將正確的保留，終於學會了一種新的行為。

四、感化矯正說：感化矯正，或感化性的懲罰，並不是一般報復性的嚴厲而冷酷的以牙還牙的手段，而是比較中性且接近教育原理，其定義是「感化性懲罰，是懲罰與處理過程的函數」註13：

也就是說：「感化性懲罰的價值，是依惡行的痛苦報復及懲戒嚇阻，與矯治感化及藝能訓練的交互作用的結果，」是上述兩大類的行為的相乘積，而得到感化性懲罰的效果。

肆、懲罰在教育上的運用

學校是正式教育機構，其社會功能，乃在有系統的促進兒童社會化，在社化歷程中，師生間自然形成一種社會體系，教師則自然居於中心地位，擔當主要角色，運用師生關係，和同儕團體的社化作用，引導兒童內化社會規範，為促其認知，懲罰在大部分老師的心目中，乃是不可避免的事，本文在界說中各節及理論探討中，均已詳加闡述。「懲罰」是有其教育的意義，但也在教育上製造了不少問題，如傷害自尊，傷害人格等等，更嚴重者，還有過失致人於死的情況，顯然，在教育上還有其很大的誤解因素存在，茲就其目前一般教育上對懲罰問題的正用與誤用情形，以及影響，析述於後：

一、誤用的原因：

（一）、教師情緒不穩：許多學者研究認為教師情緒不穩，易發生懲罰行為，如陳雪屏教授認為，有很多的懲罰，是懲罰者為了發洩他個人情緒而引起，自己不高興，看到學生就討厭，看他不當行為就更不順眼，馬上把他當做出氣筒，就處罰他；如果自己高興，一切都相安無事，該處罰也不處罰了。劉光國先生則認

為：「懲罰的原因是缺乏愛心，不知忍耐，事煩心燥，急於處理問題，導致不良情緒任意發洩，或是心理期求過切，也會導致過當的處罰」；基爾（D. G. Gill）則認為：懲罰是基於攻擊性的成人行為，以此減少他們的憤怒和壓力，很少是為了糾治被懲罰者之行為而使用。總之情緒不穩定，有的是基於個人先天的特質，有的則由於生理上的因素，也受環境影響。

（二）、教師先天具有之人格特質：由於教師也是常人，也有一般人人格特質，所以先天即有適應性與焦慮性之人格，當在教學遭遇挫折時，極可能使用懲罰方式來管教學生，動則以打罵方式，來解決其心中之苦悶，如再受外在的壓力，更形成其適應性不良與焦慮之特質，郭為藩教授認為教師不良適應的徵候，表現於下列幾方面：

1、終日垂頭喪氣，愁眉苦臉，心事重重，無心於教學。

2、煩燥不安，很容易發脾氣。

3、以懷有敵意的口吻，冷嘲熱諷學生為樂。

4、過分嚴酷地體罰學生。

5、吹毛求疵，對學生的課業有不合理的要求，疑心重重，不信任任何人。

（三）、濫用權威：依據社會學家的研究，認為教師是社會權威的代表，而學生則處於被動的地位，在此種觀念影響之下，教師常運用其所具有的權威，來管教學生，根據哈特（I.Hart）的研究發現：

權威型的母親喜歡使用體罰或孤立、羞辱等等，非受取向方式管教孩子，[註14]據薩准斯基和海斯（J.C. Savitsky, T.G. Hess）的研究更進一步指出：權威型的人通常都採取較為嚴厲的懲罰，[註15]因為權威型人格特質的教師，傾向於贊成獨裁和一致性的行為，以支持他的獨斷信仰和絕對的教條，他強調力量，權力和攻擊，以及隨時準備使用殘忍的、生理的暴力對付他不能容許的行為，具有權威型的教師，往往具有唯我獨尊的觀念，認為學生的調皮搗蛋不聽話，上課不用心，乃是衝著自已而來，也是漠視自己的權威，學生超越他心目中所認可的一致行為，老師被視為有損於其權威，他不願於接受廣泛的行為標準，因此隨時均以施行懲罰，來建立自己的權威。

（四）、傳統觀念作祟：中國自古以來即十分重視教師之地位，如「師嚴而後道尊」、「尊師重道」、「教不嚴，師之惰」等等這些儒家思想，融和在我們傳統文化裡，歷久而彌新，千年而不衰，這些觀念，在好的地方來講是重視教師地位，使教師能安貧樂道，發揮教師專業精神，如果教師誤用其尊貴權利，則易誤導濫用權威的懲罰方式來馴服學生，使之敢怒而不敢言，並不是感化學生至美至善之道。然此種傳統觀念，約訂速成，深植人心，久而久之，自然成為社會最高的道德規範。教師積久成習，而學生受之也視為理所當然，家長要自己的子弟能成龍成鳳，感恩都來不及，那裡還顧到子女正常心理發展，與人格尊嚴。因之，行之有年的懲罰，自然習以為常，在教師為中心的年代裡，懲罰便永遠是權威的象徵。

（五）、內外壓力因素：教育是社會制度的一部分，教師從事教育是為了達成社會所期許的目標，教師為達成是項目標，經常會受到內心—責任感；與外在家長與社會壓力，社會上大部分家長們，都期望自己的子女有「成龍成鳳」的一天，因此常請教師嚴加管教，教師為了達成家長們的要求，同時也為了提高自己的聲望，在責任感與榮譽心的雙重壓力下，往往不得不採取高壓手段，懲罰便是常用壓制手段之一。

（六）、學生個別差異的因素：學生來自不同的家庭與環境，各有先天的遺傳與次級文化背景的影響，以教師的觀點而言，當然希望每個學生都能同樣接受所授予的課程，而且有相同的成果，可是事實上是永遠不可能，如果以心理學者和教育家的觀點言之，所有學童，都有個別差異，天賦資質也各不相同，性格與行為表現當

然也絕對不同，但在權威型教師眼光中，調皮搗蛋或生性活潑的學生往往造成教導上困擾，有的學生由於資質遲鈍，不能舉一反三，其學習反應上與教師之期望不符，若教師缺乏耐心與愛心，當然也成為教師懲罰的對象。

二、誤用的影響：

綜合各家研究結果：「懲罰是危害的，是痛苦，是邪惡的，應當罰其當罰；罰其不罰。在態度上應當採取慎罰，絕不可指桑罵槐、張冠李戴，甚至罪及無辜」。註16

一般誤用的結果，對教育將產下深遠的影響，茲歸納列述於后：

（一）、破壞師生感情：由於教師是懲罰型的人格特性，往往造成教師的極端權威，學生受處罰後，不得不表示順從，是外顯的，而非經認知過程中的內化作用，是被逼的，不能持久，且往往會造成師生間的對立，根據前人的研究，部分人士認為：

（1）、要維持挨打者不恨施打的人很難，除非兩者有深厚的感情，通常這種感情只存在於親子之間。註17

（2）、體罰是不公平的態度，報復性比改變行為的成份要多，將產生受罰者對懲罰者的怨恨。註18

2、引起消極防衛：註19 因懲罰會使學生受到挫折，常會引起人的本能自我防衛行為，通稱為自我防衛機構（Defencc Mechanism），此種防衛機構，是一種消極性的「維持面子」

的權宜措施，對學生學習活動與行為改變，不但毫無助益，而且會引起一系列的自我防衛，諸如攻擊、退縮、固執、屈從、否定、壓抑、焦慮、裝病，逃學等等。

3、林金悔先生的研究，懲罰會有以下的惡果：註20

（1）、使兒童身心拘束與傷害，不能獲致健全的發展。

（2）、損害兒童的自尊與自信，造成羞慚與自卑感。

（3）、受體罰的兒童在孩子群中易於孤立，失去社群中的地位。

（4）、會引起反抗意念與更惡劣的發洩行為。

（5）、易造成兒童暴戾心理及乖謬表現，使之感到受屈辱。

（6）、減低兒童學習熱誠，因而處於被動學習地位。

（7）、破壞師生感情，視學校如監牢。註21

三、綜合分析：

1、就破壞師生感情分析：此中牽涉因素有二：一為老師，其次是學生。就老師角色言，如老師本身屬懲罰性人格特性，或情緒不穩，轉移而懲罰學生，這是屬於教育上的不幸，但是屬於少數。就學生改變行為概念而言，根據前人的研究，只要是合於認知性的行為糾正，「對學校使用體罰：百分之八十八的學生不表怨恨，對家庭裡施行體罰：百分之七十四的學生不會怨恨，對使用體罰的老師：，百分之六十四的學生也不致於怨恨或生氣」。註22

2、就引起消極防衛言：是學童心理在發展過程中，由於過度的刺激而產生，但在一般正常的狀態下，個體對挫折事件所產生的反應行為，隨著個人環境的不同，發生的現象與程度也有很大差異，一是積極的適應，其次是消極性的防禦，如能適應，是環境影響的結果，故懲罰在教育功能運用上，應絕對謹慎，不能施加更多的挫折給不良適應的受罰者。

3、就體罰的結果言：我們的意見概同於分析1，是教師的人格特質大於懲罰本身，因體罰在我國而言，早已經教育部明令禁止，原則上不應有體罰之再出現，本文所探討的目前教育上所用的懲罰，僅限於方法、手段、或處理的運用而已，不致造成強烈的個體反應，故本文不擬加以深入探討。

總括以上分析，懲罰是不良的，故只能當做手段，而不能當做目的，其次是要懲罰與獎勵要交互運用，原則上應多獎勵少懲罰。

四、正用的原則：因懲罰的效用是有限，所以非不得已必要施行時，一定要罰其當罰，寓教於罰，恩威並施，懲罰才有教育功效，以下是正用的原則：註23

（一）要合於教育價值標準：不論任何類型的懲罰，要有道德價值觀，懲罰所引起的行為，不能大於惡行所引起的危害。

（二）要合於認知的標準：不知不罰、無證，誤證，或證據不足時不罰，教師是有負教育重大責任，是仁慈而有耐心，用情感，去

教化，感化，是長遠的樹人大業，而不是功利主義的立竿見影的速效。

（三）要合於心服口服的標準：處罰是不得已的，要讓被處罰者了解是對事而不對人，使之不怨天，不尤人，而是自已，罪有應得。

五、正用的方法：前面我們已詳加分析，在以上前題下，仍可有效的運用，致於如何使用，我們不但要多加考慮，用什麼方法，更要慎重，以下是我們歸納可行的三種方法，詳細說明如後：

（一）約法處罰法：本法為目前一般學校所普遍採用的方法之一，依據教育部頒發的學業成績考查辦法、操行成績考查辦法、以及各校所自訂的學生自治公約等，前二種是統一規定，各

校以各種不同方式公佈，或於公共集會期間講述，使全體學生了解為原則，致於各校自訂規章，當以合情合理為規範，且不使學生困擾為原則，使其能辨別好與壞；善與惡之別，並能在學習認知過程中透過內化作用，使其有能力作選擇性反應，藉以阻止錯誤發生，本約法在實施時，應注意以下原則：

1、要絕對保持公正、客觀與冷靜，做到不知不罰，罰其當罰。

2、不在公共場所集體處罰，集體責罵。

3、注意時效，當錯誤發生時，要適時立即處罰。

4、同樣錯誤，如連續發生時，則不能連續使用同樣處罰，要加重或改用其他方式，使其加重挫折方屬有效。

（二）自然處罰法：又稱自然結果法（Natural Conseequence），就是以行為者的錯誤行為的自然結果，作為處罰，而不加任何人為的不愉快的刺激，既不傷個人自尊，不會破壞其人際關係，更不會傷害師生感情，本法對自覺性特高的同學有效，能使受罰者了解事情發生的原因與結果，也可以訓練他對自己的錯誤負責，本法在使用時應特別注意：

1、對身體不健康或生命有安全顧慮時，不能任其自然。如不走斑馬線，「愛美不怕流鼻水」不按規定穿校

服等，易感冒而影響公共健康，須要即時糾正；若無照駕車或玩刀械等，就會有立即生命危險，更必須要馬上制止，否則會造成不可挽救的災禍，就為時已晚。

2、某些行為不能馬上得到自然處罰效果時，不能用自然處法如吸煙等，如任其自然，則易養成習慣，以後矯正就很困難。

（三）人工處罰法：是以人為的環境，使受罰者遭受挫折或發生痛苦，使之有所警惕而改過，如一個學生不守秩序，要搶先上車，老師罰他最後上車，一個學生亂丟紙屑，罰他清掃教室等，即時糾正學生不良的行為，本法也是目前一般學校所採用的有效方法之一，優點是易收到即時的效果，且可以用正確的行為，改正其不良的行為，為心理學派與行為學派兩派所推重，且為處罰之正確運用，惟實施時仍須注意以下各點：

1、處罰不是體罰，不能對行為者身體部分有所傷害。

2、處罰的對象是對錯誤的行為，而不是對某種特別的個人，使受罰者了解，不致對實施者產生嚴重的誤會，憎惡或仇視。

六、正用的作用與影響：大體來講，懲罰沒有正價作用，相反的對一個人的人格卻會產生相當深遠的影響，故在使用處罰手段時，應採特別慎重態度，除了要合於以上原則外，更要適時適地的選擇適當的

方法，一定要獎與懲交互運用，並鼓勵正確行為的出現，以代替錯誤行為，如此才可逐漸淘汰錯誤行為，建立新的正確行為。

伍，結論

教師的責任在培養學生發展建全人格，而不是要他們作機械武的服從，雖然在必要時對他們不得不施以處罰，但在執行時，也應該了解處罰的目的，還是在幫助他們抑制衝動，善用精力，發展良好的品格，所以需要用慈愛而公正的態度，向他們表明處罰的原因，要盡可能消除雙方緊張的氣氛，使不致演變為暴戾，或是因為自己心情不好，而對他們輕微的過失施以重罰；也不可因為自己心情愉快，而忽視他們明顯的過錯，這樣反足以破壞師生間的和諧感情，基於以上種種原因，我們對處罰作以下幾點結論，供作教育上的參考：

一、老師生氣時，不處罰學生，要在心情平靜後，當神志清明時，再作適當反省與檢討，使其明白處罰的原因，使其了解罪有應得。

二、已經宣佈處罰，決不可取消，或延緩執行，這樣會使學生存有僥倖心理，或認為教師是一個說假話的人。

三、教師間對處罰的意見要取得一致，不要甲教師處罰學生，而乙教師完全持相反態度，或是向學生表示同情，或是接受他們的哭訴，如此會失去處罰立場，減低處罰效果。

四、要活用處罰方法：要因人、因事、因時、因地制宜，切不可默守成規，一成不變，要考慮到受罰者年齡、智力，環境和情節，施以適當的處

罰，如是敏感的學生，只要一點申斥就足使其覺悟，不敢再犯；若是一個具有自卑或膽小人格特性的人，一句申斥，則可能導致逃學，或會引起更嚴重後果的行為，故實施處罰時，要特別慎重。

五、處罰不是體罰：不能侵害或傷害個人身體部分，致於體罰，我國早就明令禁止，當然是不允許的行為，但如以不給飯吃，使其餓肚為手段，或禁閉使其不自由，也屬間接傷及身體部分，絕不可用。

六、不要大聲當眾斥責學生：如屬必要，宜單獨晤談，促其自覺與反省，由自我洞察到自我行為改變，方屬有效。

七、要「獎」與「懲」並用：原則上是多鼓勵，少懲罰，非到不得已時，不用懲罰，改變不良態度時，宜「獎」「懲」並用，建立新行為時，則宜多用鼓勵，少用懲罰。

八、教師的專業精神，是容忍與無限愛心，以身教代替言教，使之遷移默化於無形，然後才能收教育事半功倍之效。

附註

註1：陳雪屏：懲罰的效果，國教補導，七卷九期，

註2：張春興、林清山：教育心理學 p-250

註3：張春興：心理學 p-126

註4：陳榮華：行為改變技術 p-48

註5：Punishment, Encychopedia of Psychology, 3rd Ed, Harny F, Clarizis at al, Edited 1977, Allyn and Bacon Inc. Boston Mars. P-317

註６：Contemporary, Issuse in Educational Psychology, 3rd Ed, Harny F, Clarizis at al, Edited 1973, Allyn and Bacon Ine. Boston Mars. p-317

註７：Azrin and Holz, 1966, p-381

註８：教育論叢（第二輯）賈馥茗、黃昆輝編 p-257

註９：教育哲學大綱 吳俊升 p-257

註１０：教育研究集刊　第十九輯 p-404

註１１：教育心理學 張春興、林清山 p-75

註１２：同上 p-74~75

註１３：教育論最叢 第二集 p-267

註１４：林清江：師大教育研究所集刊十六集 p-92

註１５：陳雪屏：懲罰的效果 國教輔導 第七卷八期 p-301

註16：教育論叢 第二輯 黃昆輝、賈馥茗編 p-301

註17：邱連煌：美國學校的體罰（下）中央日報 61.10.7. 十二版

註18：J. H. Killory, 〃In Defense of Corporal Punishment〃 Psychological Reports, 1974, 35, p-575~581

註19：行為科學與管理p-263~239

註20：師大教研所 十九輯 p-406

註21：劉國光 論體罰學生問題 臺灣教育輔導月刊 廿二卷十期 p-7

註22：同註7

註23：同註3 p-285~230

台灣工職教育成長與發展

民國六十五年六月於大安

（原載臺北市大安高工《大安學報》第三期　中華民國六十五年八月出版）

壹、前言

人類，社會・文化，以及教育四者。是人生發展過程中，特有的高級群體現象，人類的聚居與合群性造成社會，人群不同的生活方式，則塑造成社會不同的風俗習慣，不同的文化與社群性格，則演化成各種民族，教育則使社會與民族，綿延不絕，生生不息。故無論從社會文化的觀點去研究教育與人類，或者從人類與教育的立場來研究社會與文化，都可以找出相互依存的根源之所在。進而更新人類文化並發揚光大，以適應科學文明的不斷衝擊。

本省工業教育是循什麼樣的文化模式在演進，工業教育的社會結構如何？文化價值取向為何？本文將就教育與人類的觀點，作進一步加以剖析，並探求本省工業教育對社會文化的影響與貢獻，以促進人類相互了解，進而使我們五千年悠久文化，發揚光大，永垂於世。

貳、本省工業教育的社會結構

由於本省地位特殊，且一度淪入日人統治。其社會結構，可明顯的分為日據時期與光復初期，以及目前的經濟建設期，三種不同社會型態，其職業教育的社會結構，當然也有明顯的差異，茲就此三個不同時期，本省工業職業學校的社會結構的變遷，以及對社會的影響詳述如后：

一、日據時期：本省淪為被統治下的殖民社會型態，教育以貫徹日本軍國主義的一貫侵略政策為主。當時的省民是被迫害者，只有歸順於「工業日本，農業台灣。」過著貧困艱苦的農耕生活，生產稻米自食不足，還要強制向上繳納軍糧，根本不敢反抗。

台灣工業與工業教育，雖然也是在改進人民生活，加緊生產，但主要是在供應軍需，僅在重點城市如台北、台中、高雄象徵型的設立幾所初級習藝所各一，設備也極為簡陋，培養出來的基本技術工人，主要在補充軍事工場初級技術工人的不足，對社會的影響如下：

（一）學校社會結構。

1、教師與教職員：在日据時期，各級學校幹部，均以日本人為中心：教員全以日本人擔任，部分職員以特別順從而效命「天皇」的臺灣人補充，各地的工業職校教職員當然也全是日本人，台灣人只是充當勞工而已，其他一般學校，更是如此。

2、學生結構：初期絕大部分都以殖民子女為主，畢業後多充當軍事工場基本技術工人，生活還是在日本人的最低層，工作穩定，待遇不高，但也是一般臺灣人所羨慕。初期本省學生人數極少，後期稍有增加，但為數不多，原因是貧窮，再就是年青力壯者，不是充當民夫，就是徵去當兵，而特許少數特殊順民參加接受技藝教育，是少之又少。

（二）社群性格及對社會文化之影響：

本省人無力從事工業生產，早期本省工業教育社會結構，可歸納為殖民文化模式，無獨特的本地色彩，是奴化教育，統治者與被統治者，主僕之間的從屬關係，社群的性格是順從與被迫的恐懼。無民族自尊與個人自由。

二、光復初期：台胞重獲自由，重新投入祖國懷抱，在欣喜若狂之餘，因國家陷入八年長期對日苦戰，內地民窮財盡，民生凋敝，亦不能帶來較豐裕的物質與精神上的戰後撫慰，在希望與失望之餘，使長久疏離的民族感情，尚一時難以融合，仍潛存有民族疏離感。但已能有自己獨立的模式，發展本身的一切，尤其在國際大環境逆轉下，發奮圖強，由農業的經濟型態，急速轉向工業發展猛進，由於勤勞的民族性，再

加以良好的國民教育根基，終於創下了亞洲四小龍的經濟奇蹟，使一向被西方人譏為落後的稻米文化，一躍被尊為工業電子王國，昂首闊步的走向開發中國家之林。此階段的社會特性：人力價質提高，重效率，輕儒家道德觀，重物質價值觀，人民生活水準大幅提高。將亞洲稻米文化，大幅的向工業社會邁進了一大步，本期工職的社會結構分析如后：

（一）、學校社會結構。

1、教員與職員：由於光復後，日本教師全部撤走，聘請不易，除少部分人員由內地徵招聘用外，技藝教師大部分是省內工場技術人員聘任，本階段大學畢業生不多，中上學校專技教師師資來源困難，有良莠不齊現象。

2、學生結構：本階段職業學校學生，大部分都是農、工、商人家庭子女，學生忠厚老實，能專心學業，抱負不高，在全校學生中，約占百分之六十，其餘是專技工人家庭子女，約占百分之四十。結業後都能從事本專長之技術工作，有一技之長，作謀生工具，或繼承家業。為社會基層工作者，也為臺灣經濟打下極堅實的基礎。

（二）、社群性格及對社會文化影響。

本階段社群特性乃承襲我國固有農業文化傳統，安貧樂道，不求創新，順從自然，尚迷信，有和平處世之屬性。但已擺脫附庸依賴之心理。有民族與個人自尊，由傳統引導，而逐漸趨向於內向引導。

三、經濟建設期：由於政府全力推行農業工業化政策，加速推動工業發展，使經濟的蓬勃成長，因此工職教育，為配合大量工廠設立所需人力，政府極積鼓勵私人設立職校，在教育策略上，將職校與普通高中比例，提高到六與四之比，為私人興學大開方便之門，也為各大生產工廠培育足夠的技術人才，保持生產水準，且創造了足夠的條件，讓產業界不斷推陳出新，達國際水平，更創造了台灣在世界發展工業國家中，空前未有的經濟奇蹟，使國際震撼，打響了臺灣工業在國際的知名度。台灣要生存，而且要能與鄰近日本、韓國、新加坡與香港保持競爭力，更要不斷向前邁進！當然啟動這些突飛猛進的原動力，就是我們不屈不撓的民族性，以及的深厚的文化資產所激發出來榮譽感，產生了不可輕視的極大影響，謹就其現階段職業學校結構析述如后：

（一）、行政人員結構分析：學校行政工作人員因非聘任制，而是由政府集中考選任命，故流動性較小。也有部分教職人員是沿舊制，由校長直接任用，此種人員與學校有深厚友誼，同事相處融洽，能以校為家。部分人員因退休或因故離職，改由縣市政府公開徵選，介聘任用，給學校輸入新的動力，學力高，工作效率也高。但與原有工作人員產生微弱代溝現象，是十分正常，久而久之，也能融入學校團隊內，共同為學校爭取榮譽。

（二）教員結構：

1、人數統計：調查採用北部地區十所公私立工業職業學校為範本，以問卷方式調查結果如下表：

2、分析：

臺灣北部地區任意十所工職教師人數統計表				
科別	學歷	現有師資	比例	名次
理工科	國立師大工教系	520	40%	1
	公立大學相關科系	110	8%	2
	公立工業專科學校	80	6%	
	國立師大師資專修科	120	9%	
	公立工業職學校	50	4%	
文科	國立師大相關科系	260	20%	1
	公立大學相關科系	70	5%	2
	私立國立師大師資	30	2%	
說明	1、調查十校回報總人數為 1300 人 2、現有師資為十校共計統計數，非一校師資 3、工科與文科因回報未分開，故未作分開百分比，是一大缺失，僅作概略數字參考			

（1）、本階段師資：工科，國立臺灣師大工教系占總人數百分之四十，文科，師大本科各系已占百分之二十，均為檢定合格教師，較光復初期工場師資不足，以工場技術人員充任之情形，有長足改進。

（2）、高工畢業留校任實習老師，以工場技師，施以短期訓練之代用師資，目前已逐漸消化。高工畢業生僅占百分之二點八，工場師資專修班，亦以在職進修方式，升至專科師資，且已逐漸降至百分之九點二，其他非師範科之師資，亦僅占約百分之二十弱。

（3）、由於以上統計資料顯示，公立工職已漸受產業界信任，大量優先進用，畢業生除升學者外，就業率達百分之九十以上，高工教育目標已能完全達成。

（4）、師資來源：公立職業學校教師，大部分由國立師大工業教育系畢業生分發進用，不足部分由校長按本科系與相關科系聘用，學校人事己漸入正軌，能做到公開，公正原則，達到人盡其才的目的。

（三）學生結構：

1、人數統計，仍以北部地區十所公私立工業職校隨機取樣，任意抽取一班，每班以平均五十人統計，學生家長職業分類統計如后表：

2、分析：

學生家長職業分類統計表		
學生家長職業分類	人數	百分比
公務人員	80	8%
軍人	120	12%
商人	210	21%
技術人員	90	9%
工場勞工（自營）	110	11%
一般勞工（受僱）	190	19%
農人	200	20%
合　計	1000 人	
說明：樣本為 1000 人，表列比列概以 1000 人計算，百分比為概略數字。		

（1）、業職校學生結構：過去一向以工農子女為其主要來源，常受父系職業影響，所謂一脈相傳，對社會很少產生流動作用。近幾年來，由於工職教育不斷成長，學生結構也在隨之大幅改變。從以上資料顯示，農工子女亦僅占約百分之四十弱，而商人、軍公教人員子女，有逐漸增高選擇工職就讀的趨向。

（2）、政府推行十項經濟建設，大批吸收工職畢生前往就業，待遇優厚，且可為社會流動至高層次的梯階。

（3）、高職畢業生，無論就業或升學，均有專業技職升學的暢通管道，有助於個人成長與發展，也不必盲目的一窩蜂的擠升學的窄門。

參、工職教育的成長對社群文化的影響

一、發展中的職業教育：由於我國近百年來，一向以務農立國的國家經濟政策，人民也以克苦耐勞，勤儉治家為社會最高的道德規範。「日出而作，日沒而息」，但求溫飽為己足。此種安貧樂道的「稻米文化」，足足的支配了我們敦厚的民族性達幾百年之久，也使我們因積弱不振的民族性，永遠追不上科學突飛猛進的歐美等西方國家，近十幾年來，政治環境的轉變以及現實社會影響，使得我們不得不發奮圖強，非走向工業化不足以救國建國，因之政府適時將教育加以有效的規劃，以免於我國經濟淪入各開發國家的經濟附庸的命運，自六十二年度起，高中學生的比例，是高中占百分之六十，高職學生占百分之四十。目前已轉變為高中占百分之四十，高職占百分之六十。預計到民國七十年。職校發展將可

達到達七與三之比。其中工業職校占百分之六十以上。

二、對社群性格與文化之影響：

（一）、社會道德標準的改變：因為由農業社會蛻變到全面工業化過程中，社會價值取向也隨之改變，農業社會能向上一層發展的唯一之途，就是「衣食足則以學文」，才是升官之道。而工業社會的價值取向，是重實利，講時效。不迷信，講求科學驗證才有說服力。政治也慢慢從威權到主權在民；教育也由老師為中心，老師教什麼，學生只有跟著學的權利，變為以學生為中心，學生需要什麼，老師就要教什麼，才能迎合大眾需要，而不是少數人的專利。這是我國「稻米文化」空前的突變，讀書不僅是「明德」、「修身」，而是更要發財、致富，使人人都能從白手起家，到億萬富翁，而

不是夢，才是真正民心的走向。從報考高職學生家長的職業背景統計觀察分析，以前公教人員子女以及中上社會人士的子女，報考工業職業學校者，此例極小，甚致於零，但近幾年來，報考職校數字，已直線上昇，可見大家都認為職業無貴賤之分，只要學有專長，都有出人頭地的一天。由此可以證明「君子動口，小人動手」之士大夫思想，已很不合潮流，漸被唾棄，社會上不少「白手起家」從工人到大企業家，走入社會頂層，為人羨慕與尊敬，從「黑手」到「白領」已不再是奇蹟，社會變為多元化，也給個人有了無限發展的空間。

民主社會，人人工作機會均等，而成就的機會也是人人平等，關鍵是在自己，因此工職教育的社群精神，就是要從「親手做」，

手腦並用，苦幹實幹中創造出來，要由學校影響到社會，以價值取向來決定個人將來的成就。

（二）、社群性格的轉變：農業社會的固步自封，是由於自給自足的農業經濟型態影響。在工業社會裡，千奇百怪，五花八門的各行各業，個人生活必需，絕不可自給自足，而是要互助合作，社會是一個大整體，你要的汽車和電器等等，你不能生產的，由別人供應，他沒有而不能生產的，由你供應。這是新的社會觀念。

工業社會是自由發展，自由交換（貿易），因之就要有不斷創新，不斷開拓市場，才能生存與發展，優勝劣敗，自然的被淘汰，因而形成目前嶄新社會風氣，講求團隊（Term work）精神，求創造，求不斷革新，便是目前工職教育訓練與培養的重點。

（三）、對社會文化的影響：由於學校引導社區發展，而社區的價值取向，督促學校教育不能落後社會發展的交互影響，故在高工階層的工業教育，從單位行業的專精訓練，漸改為多專長的群集教育，打好廣泛的生產基礎，以便青少年在探討職業性向期，免不了的職種流動，等性向穩定後，再選他喜歡的職種，作更精細的專門訓練，在職進修或繼續考入大專深造，才能配合社會不斷進步需要，減少不能學以致用的浪費。

工業社會是精細分工，新的科技職種，日新月異，不斷創新，講求實效，不重浮誇的價值觀念，要無中生有，不斷創新，恢復民

族自信，才能在廣大世界市場中，占有一席之地。

肆、結論

人，以及社群的性格，不是先天性一成不變，而是受後天的環境，以及社會化影響，逐漸形成。正如美國人類學者，美德博士研究對男女兩性間的性格差異，結論也是由於出生後的種種影響而形成。台灣區工職教的社群特性，光復前是奴化與順從而無自尊的人格特性，光復後，在發展中又因過度依賴外來援助，坐享其成，使自己反而失去原有本能，克服困難與應變能力，過分崇洋觀念，以致在心理上產生自卑。直至社會由農業轉變為工業導向後，大膽放棄了一成不變的舊習俗，由仿造生產，漸漸恢復自信，然後再自立生產，創造生產，自立品牌，才有今日空前的進步建設，與高生產的能力與技術，不但滿足內需，且能大量外銷，造成社會富裕與繁榮，人人能以今日成就為傲，這都是外來的經濟擴展的影響，刺激自己不得不自立自強，勤奮創新，打開了自己的市場，建立了國際信譽，使我們原有近乎空想的大同文化，可以目前良好的商業通路，進入世界，發揚光大。

民國六十五年元月

職業學校應優先實施輔導

（原發佈於臺北市大安高工《大安學報》民國六十五年十一月）

壹、前言

一、輔導的重要性

由於時代不斷進步與改變，人的各個時期的行為標準，要求也不一樣。教育上的需要，因之也有實際上的改變。社會科學與人文科學交互影響，使人類日漸崇尚自由民主。自然科學的發達，使人類謀生也漸趨複雜而多元。人類面臨如此急速轉變的衝擊，鄉村農人不甘終年辛勤耕作，獲得的僅可維持溫飽，窮人們也想翻身致富，過同樣安逸的生活，所以大家一起盲目的湧入城市，造成都市空間不足，交通

阻塞，寸步難行，房市暴漲，空氣污染，以及擁擠與失業等等所造成的困擾，使生活品質低落，心理煩躁不安。凡此種種失衡現象，都須要從心理與精神上加以調適，使人人都能享受到較輕鬆愉快的生活。

教育的責任。就是要指導人們如何能生存在當前的社會裏，不分貴賤與智慧高低，都有同等的生存機會，使社會能產生自然的平衡作用，由於民主社會的教育功能，並不是生產工場，一定要將每個人都能塑造成同一類型的產品，因人有個別差異，一定要依個人性向之不同，因材施教，滿足個別興趣，與發展潛力，加以指導，使其都能發揮所長，做他能做的事，做他該做的事，適才適用，各有所歸，而不是妄想，造成人力資源浪費。這就是近代的教育輔導的目的。

教育輔導就是幫助每個人，先從了解自己，再去了解生存的大環境，智力（IQ、EQ）高的做大事，為多數人服務；弱一點的做小一點的事，為少一點的人服務，都有生存的機會。在大環境來講，科學日新月異，一日千里，五花八門的行業，奇型怪異的社會，善與惡往往也是在一念之間，若只靠個人有限的知識與能力，去摸索，去辨別，實在是無法辦到的事，短時間作一決斷性的取捨，更是強人之所難，因此唯有藉學校的教育輔導，藉現有的科學技術，統計與分析，來幫助個人作一科學性的選擇與決斷，而不致盲目的把自己推入在大時代的洪流裡，讓他自生自滅，迷迷糊糊的，浪費了自己的一生。

二、輔導的作用

由於輔導是目前教育重要環節之一，不是社會主義的理論：「人是屬於社會，在經過測驗找出人的性向後，只能做你性向範圍內的事，要畢生供獻給社會，世代相傳，無失業的顧慮」。也不是威權時代，修身齊家為首要，科舉時代，考中，才可以做官。在多元社會裡，一切都可以自由選擇，教育就是要幫助你做正確的選擇。茲將教育學者對輔導所下的定義，綜合如下：

「輔導是對個人作各種幫助的一個教育過程，輔導人員須充分了解個體生理與心理的成長發展，了解社會與所處的周邊環境。在民主社會多元的生活方式中，用輔導的專業知識與技術，以一個有組織的工作計劃，為青少年或成人作熱忱的服務。輔導最終目的，在使青年或成人，認識自身的各種需要與特殊能力，在學習、就業與生活各方面，

用自己思考與判斷，作正確睿智的抉擇。並以最有效的實現方式，圓滿達成其最終目標或志願。」註1

三、本報告研究目的

由於職校尚未實施學生輔導，學生對自己以及對將來都沿襲我國固有傳統觀念，任其自然與取決本身的命運。以致職校學生糊塗的接受三年或二年的職業教育後，也在盲目的追隨一般高中生，在擠進入大學的窄門。以致工場找不到技術工人，即使是勉強的就業，也大部分是學非所用。如學機械的學生不去鐵工或金屬工場，而去做雜誌推銷員。學印刷的學生不去印刷廠而去從事夜總會當樂手，凡此等等，都是嚴重的人力資源的浪費，也揭露出教育功能未能充分發揮，令人感到遺憾。

基於職校學生僅接受二至三年的普通專技教育，對單位行業基本技藝也沒有足夠基礎，就業的薪資也沒有專科畢業生高，所以公立高職畢業生，根本就沒有立即就業的意願，在高學力高薪資的誘導下，一心只想再去升學，即使就業，遇有較好職位，不管所學專長合不合，立刻離職，「另謀高就」，流動率極高。因此，高職學生，無論在生理與心理上都還在成長階段，既不成熟，也不穩定，過早的職業分化，是沒有多少道德約束力，故高職學生需要實施輔導遠比一般學生更為迫切，以消除他們心理上的徬徨，減少職業流動。

本文研究的目的。就是希望藉輔導功能的研究，協助高職學生，在課業輔導、選擇職業以及生活適應上，適時加以幫助，使人盡其才，造福社會。

註1　見宗亮東、張慶凱合著　教育輔導。正中書局五十四年初版，p5。

貳、高級工業職校組職與學生來源分析

一、行政組織

目前國內各級職校均在校長下設四個處：教務、學生事務、總務與實習輔導四處。另加二個業務室，主計室，人事室。

掌管業務除教務處以及下屬各組均與一般學校相同，不再贅述外，與輔導有關的處組業務分述於后：

（一）、學生事務處屬下管理組：目前是較為特殊的組織，是掌管中上學校學生軍事訓練的機構，其成員為現役軍人，由教育部軍訓處統一由軍中徵選，分配各校。分別由教育部、省市廳局督導與運用，軍訓成績為學生操行成績之一，不及格不能升級，雖因學生操行管理採權威的軍事管理，講究服從，對不良學生的錯誤行為之控制，有很大震懾作用，很有效果。

（二）、實習輔導處，所轄實習組，就業輔導組，建教合作組，除實習組純係技術性輔導組織外，其他二組均屬於輔導業務，若職校核准設立專責輔導處或室時可以併入，以免重疊。因輔導在歐美學校最初的任務就是就業輔導，以後再發展到心理輔導與諮商。對穩定學生心理有極大的安撫功效。

二、高職學生來源與其家庭背景分析：

（一）、就高職學生來源分析：

高職學生入學亦採分區聯合招生方式，安排在高中、五專聯招之後，明顯的是給前項落榜學生，多一次有學校可唸的機會。這些學生在經多次篩選落榜後，他們正是精力旺盛的青少年期，本來是活活潑潑，信心滿滿，在經過連續幾次落榜的挫折後，再加以在國中階段成績本來就是差人一等而被貼上「標籤」為後段生，或譏諷為「放牛班」學生，就是很成熟的成人，也會造成自卑感，更何況他們是未成年十幾歲的青少年呢？由於社會排斥而加重他們身心的壓力，造成不同程度的自卑，而轉移用行為來表現反社會對他們的不公平，是十分值得同情的，這些學生在入學後，重要的不是給他們

課業輔導，而是要多給他們心靈上的撫慰與鼓勵，使他們快速恢復信心，而成為社會有用之才，是當務之急。所以職校宜加速設置專業輔導比任何學校要更為迫切。

學生報考次數分析表

報考次數	人數	百分比
1、從未參加其他考試只考職校	3	3%
2、高中落榜後再考	11	11%
3、五專落榜後再考	31	13%
4、三次落榜後再考	55	55%

附記：以大安高工補校任意二班一百學生為樣本

（二）、就學生家庭背景分析：

學生家庭背景統計分析表

1、軍人	8	8%
2、公務員	12	12%
3、商人	21	21%
4、技術人員	9	9%
5、生產勞工	11	11%
6、一般勞工	19	19%
7、農人	20	20%

附記：以任意二班一百學生為樣本

從一百人中只有三人，唯一志願是報考職校的家庭背景中了解，一人是商人，一人為自營工廠，當然這種選擇是受家長影響，將來也是要繼承父業為職志，對輔導工作不會產生關連作用。

三、升學與就業統計：以大安高工補校六十五學年度畢業生為對象

65 學年度畢業生進路統計表			
升學	大學	25	
	二專	174	
	三專	6	
	軍警校	3	
就業	政府機關	10	
	民營廠商	304	
	自營事業	13	
其他	服役	19	
	補習	111	
	療養	26	
	失去連絡	19	
總　計		710	

四、現存問題

(一)中途退學問題

目前以公立職校一學期休學人數統計如左表；

學生中途退（休）學人數統計：以大安高工補校六十五學年度為準

退學原因	人數	百分比
1、職校不感興趣重考	25	25%
2、操行不良改換環境	7	7%
3、僑生	4	4%

1、以比例最高的退學原因分析「唸職校不感興趣重考」來分析，學生對職業觀念還是沒有正確認識，經個別接談結果了解，他們都認為

是選錯了科別，與不想馬上就業，兩種理由，決心重考，選一般高中就讀，這些學生都是對自己缺乏了解之所致，反正別人總以為升入一般高中才光榮，才有前程，所以他也這樣做。這實在是令人惋惜的現象，導致這種現象之產生，主要可歸納為下列兩項原因：

(1)、國中階段的職業輔導未能蒐集足夠的資料，供學生參考，如職業學校分科概況，以及課程分配情形，以供興趣不同的學生考前參考。

(2)、職校未設輔導專業人員，作詳細的說明與分析，以糾正不正確的觀念，認為惟有繼續升學才有前程，其實職校畢業生可以循技藝專門的通道，往科技大學，繼續進修，也是有相同深造機會。

2、以操行不良分析：改換環境來分析：轉學事件，是可以事先多加輔導，可以減少這類事件的發生。若真是惡劣到如此程度，發生而到非轉學不可的地步，這種情形當然還是對學生有利。但研究其真正的原因，學生的行為並不一定是會有某種程度惡化的結果，而這種不正當的行為是可以預先加以制止，對於這些可以防止而未加以防止，當然歸咎於未適當運用輔導技巧，加以診治所導致的結果。

3、僑生對新環境不能適應而退學來分析：環境的轉變，任何人都會有不良的適應，僑生當然也不例外，假如我們有主修心理的輔導人員，給他熱誠的關心，幫助他解決生活上各種困難，與初到陌生環境上的孤獨感，他也許不會馬上要求退（休）學，原因是未設輔導，無人能做這些專門的事。僑生退（休）學率特別高的主要原因，以導師平時訪談了解：目前僑生都來自印緬生活貧困地區，多半以就學

名義來台，然後設法久居，取得居留權利，是主要原因，所以他們來台後，讀一學期，馬上就去打工，或找較固定的工作，以賺取在台生活費用，少部分甚至還要寄錢到僑居地，協助家庭生計。這點牽涉問題較廣，非學校單一方面所能解決，更無法有效防止他們中途退學。

(二)分科（組）技術以及課程編排問題：

學生因不了解職校分科情況，而選錯了科組，事後又不能中途更改志願，最後終於導致退學。這是教育政策的一項缺點，目前歐美的「單能工」與「多能工」的概念，國內也能接受正在加以討論，他們所爭論的焦點是：科學是日新月異，而且有更新更吸引人注意的新職業，因之造成職業的流動是不可避免的事，為了減少專精教育的浪費，而終於導致學非所用，倒不如技職教育僅作各類行業的基本訓練，寧可待就業者進入工作崗位後，若遇職業改變或進入更精密的職種時，再施以職前訓練（On Job Training）簡稱（OJT）在職訓練，這的確是一種有效的職業訓練的新見，因此國內是否也可以參照作適度的改變，我認為是很有必要的。

㈢職校學生升學問題

從一所公立職業學校，六十五學年度畢業生進路統計結果分析：發現職校學生升學率很高，這也是很引人注意的問題。我發現若是品學皆優而且技術也超人一等的學生，再作更進一步的進修，為國家造成更高層的科學技術人才，是有必要的，而且也是應該鼓勵的事。但是有些學生完全是受升學風氣的影響或是受家長的慫恿，而大量的進入私立二專，完全是滿足個人的虛榮心而已，並不值得鼓勵，而導致這種虛榮心的結果，分析其原因不外以下數點；

1、職校未實施輔導；職校當務之急，就是要延聘專業輔導人員，用各種統計資料與心理分析，向他們說明他們自己的處境，自己的實力，以及他們自己將來可能的成就，使他們發現他們的自我以後，也許會了解，然後他們才有能力作最後正確的決擇。其次是有效的輔導他們，每人都能找到他們有興趣而希望去從事的職業，增加他們就業的信心。

2、社會風氣影響；一般人總認為升學是唯一的出路，惟有繼續升學才能出人頭地，也沒有考慮自己是否為可造之才，一個在聯考中僅能考幾十分的學生，絕不會承認自己的智力不足，而堅持一試再試，這其中當然除了不了解自己，是主要因素之外。其它的因素可能受父母的影響，而身不由己，不論怎樣，皆是不正常的現象，須加以制止。才能使今目的職業教育導入正途。

3、白領階級的士大夫思想的餘毒所影響。我國過去的教育思想。總是以「學而優則仕」，當官才是最光彩的事，極端輕視勞動的人。因之，總認為做工是黑手階層，沒有地位，也不受尊敬。現在早已進入工業社會，應該是職業不分貴賤，人人機會平等，任何一門行業，一項技術，只要有獨特經營方式或有創見，都會成功，當大企業家，受人尊敬，如過去一直是被認為是卑微的歌女，而現在被尊為歌星，過去的店員，現在卻是經理之類，比比皆是，工業社會的特色，就是絕對自由發揮，有潛力，有遠見，肯苦幹實幹的人，遲早都會有大成就，游手好閒，不務正業，一定是不能成大器，而常受人唾棄，這種成功與失敗，往往都是在一念之間。

參、職校如何實施輔導

一、行政組織的檢討

以各職校的目前行政組織系統而論，我認為須作下列適度的調整。

(一)、現有的實習輔導處或實習處，工作與字面含義不符，原因是教育上的「輔導」一辭，譯自英文的（Guidance），原意是幫助學生正確了解生理成長與職業發展的過程，減少挫折，使能順利成功。其作用是藉了解自己以及周邊環境的特殊性，去作適合自己的最正確的選擇。目前職校的實習輔導處，主要的功能是技術訓練計劃的擬訂，材料購置管制與補充，校外實習輔導與安置就業。此外就是不定期的辦理社會短期的技職訓練。從這些職掌分析，似乎無一項與學生成長有關，其中只有一項是畢業生的就業

輔導，但實際也沒有充分的發揮其功能，大部分畢業生還是任其自生自滅。

職校學生之進路輔導，按照輔導原則，應在學生入學後即開始進行，因為目前一般工職均實施分科教學，本來學生選科照輔導原則，應照學生性向測驗結果，參照個人志趣，然後再輔導學生決定就讀科（組），才是正確的輔導運用。然目前學生選科是在報考時，匆忙決定，他們選科唯一的依據是那一門職業，目前在社會最有出路者為第一優先，而不管是否與自己興趣與能力相符合。其次是依照家長直覺觀念而定，無個人選擇餘地，因此目前職校學生根本無法實施進路輔導，因為學生選科，在入學前匆忙完成決定，所以事後常發生要改科的情形。按規定又不准改科的困擾，當然更談不到進路輔導。

(二)、目前工職實習不需要特別輔導，原因就分科的技術論之，各項專門技術均由各科主任分層負責技術督導，其教學所必須之設備，也均由各科分別加以研討，故無須由實習輔導處加以輔導。

(三)、改進要點：

1、職校輔導工作宜作合理調整：基於加強職業輔導功能，使職校輔導入正軌，將現有的實習輔導處或實習處，應改由輔導專業人員掌管，負責就業輔導，而生活輔導則由訓導處，生活管理組與各班導師負責執行，不致造成職掌重疊，浪費人力。

2、設立輔導中心：已設有實習輔導處或實習處者就現有人員成立輔導中心，為強化輔導設施，應照政府規定按學生人數比例，增聘專業輔導人員，建立必須的學生資料，統計分析，供各教師輔導參考運用。

3、組織輔導推行委員會，主任委員由校長兼任。其他各委員分別由各處室主任以及熱心輔導工作之老師兼任，詳細之組織系統可參照各高中以及國民中學組織系統編組，以收相互協調之功能。

4、各職校應將分科概況以及主修課程一覽表，先期分發給各縣（市）屬各國民中學，供國中輔導老師、導師作應用參考，以減少學生入學選科之困擾。

二、有效輔導學生進入職場

目前職校畢業生之進路，是採開放式，任其自然發展，因之導致升學比例偏高，就業不足，工場缺員，得不到技術工人補充之不正常現象。應作下列之管制：

1、辦理「EQ」「IQ」測驗，是項測驗如在國中已辦理者，可以將原資料轉入就讀之學校，如蒐集不齊時，則以入學後一週內運用班會活動時間，由各班導師協助完成之。其結果，謹慎的分別通知個人或監護人，以供受試者了解自己。

2、實施性向定位，經測驗分析定向後，可作第一次改選科時之必要參考資料，目前學生申請改選之案件每年為數頗多，而且多礙於規定，不能使其如願，以致造成學生學習興趣低落，畢業後常放棄所學，改在其他行業，另謀出路，嚴重造成學非所用之現象，因此在職校分科選科之原則，未澈底改變前，做好學生性向定位之準備，使能按興趣選科，專心取得專長，工作信心增強，自然會減少職業流動。

3、公布全校學生學業成績最高標準、凡學科成績，或技術特優在標準以上者，由學校予以升學輔導，或照保送升學規定，保送升學。凡未達標準者，經由各班導師，予以個別諮商，按其志趣，輔導就業。

4、專設就業輔導組於輔導室下，負責就業輔導有關職務，並與各人力運用機構密切取得聯繫，建立人力預報，調查人力市場，適時輔導就業，減少人力浪費。註1

三、分科方式的改進

（一）、入學不分科

新生入學不分科，第一學期全部作基本技術訓練，如各科之基本鉗工，基本電學等之基本理論灌輸與訓練，使學生對各項基本技

術有概念後，再按其智力測驗以及性向之定位分析，第二學期實施分科訓練。

㈡、不精細分科

由於不可避免約職業流動，目前各國均在試行「全能工」概念，只作基本技術訓練之試探。註2 理由是任何生產工廠，均實施生產線制（Production Line）的作業方式，每一條線上之作業手，不須高深技術與理論，每天只作單一相同的工作，久而久之則自然熟練，工作效率又高，自工作母機之自動化後，技術人員僅負責各線的架設維修保養，不負責大量生產，故無精鍊技術之必要。

㈢、職校兼辦二專

配合我國工業人力結構變遷，與適應職業進修之需要，現在公立高職應增二年技術職業教育專科部，即「三、二制」職業教育，前三年以工職教育為目標，依高工課程標準授課與收費，奠定高工職業教育的技術基礎，三年成績及格，依志願，分別輔導，願就業者發給高職證書，並介紹適當的職業，使其就業。學科術科均達水準以上者，願進修者，免試准升入專科部，繼續二年的專科進修，依二專課程標準授課並收取學費。註3 如此不但可以解決升學的問題，同時也可以普遍提高我國技術職業教育水準，邁向更完美，更合乎國家社會需要的境界，有效發揮教育功能，完成人盡其才的理想目標。

（四）、辦理建教合作

為了減少職業流動與抑制不當的升學風氣，辦理建教合作，比較是最有效的產業與教育密切合作途徑。一方面既可以利用各大廠商的最新設備，兼做生產與訓練，縮短學校與產業的差距。增加即學即用有效就業管制策略，學生就是工場作業員，沒有失學問題，也沒有失業問題，約束學生升學與職業流動。招生方式以合作工廠招收學徒名義，委託學校代為辦理合作招生，錄取後，合作工廠每月發給學生基本學徒工資，使學生有安定的生活保障。訓練方式，採輪調方式，一個月在學校接受正式學校訓練，一個月輪流至工廠實習，以生產方式，實習生產技術，從事正式生產，輪調期限長短，可由廠商視實際需要而定，一學期輪調一次，或一年一次，主要原則以授完學校正式而必須之課程為止，期滿經考試及格，發高職畢業證書。學生則履行合約義務，升為工廠正式員工，至合約期滿後，若工廠待遇合理，人事與職工福利制度建全，則學生必能安心作長久就業之選擇。

註1　中華民國歐洲技術職業教育考察團報告書（民國六十五年一月）p136

註2　台北市立大安高工學報，錢學　美國目前學校輔導概況（民國六十六年十一月）p131頁

註3　同註2　p132

肆、結論

由於以上的統計、觀察、與分析結果，高中階層的學生，無論基於生理、心理以及就業準備上，均不穩定，游離性極大，尤其是職校學生，對就業觀念，以及本身對就業之選擇等，更感徬徨無所適從。因之，職校學生極需要適時輔導，遠比一般高中生要更為迫切。而且學校也有責任，輔導他們，建立獨立自主的生活能力，與建立自信，讓他們不受環境。以及社會不良風氣影響，作他們正確的決擇，以達到利己利人，人盡其才，建設國家，服務社曾最終目的。

參考書目：

一、劉焜輝　指導活動。

二、宗亮東、張慶凱　教育輔導。

三、張慶凱　教育與職業指導。

四、中華民國歐洲技術職業教育考察團報告書 六十五年十一月。
五、School Guidance and Personnel Services in the United States. Rosecrance, Francis C. and Hayden Velma D. (Boston 1960)

增進補校學生到課率與實施重點輔導可行性

（民國六十八年臺北市大安高工工作研究報告）

第一章 導論

前 言

近年來，由於社會急速變遷，群眾表達意願日漸增強，堅持一己利益，群起示威抗議，造成社會脫序與紊亂現象，直接或間接有相當程度影響學生在學風氣。輕者使學生學習不專心，不遵守時間，常遲到與逃課，更嚴重的，因社會價值觀紊亂，無理由且自私的反抗，學生也有樣學樣，堅持自己不成熟的成見，不接受同儕甚至老師的忠告，常頂撞老師，導致校園倫理盡失，

使「教」與「學」如同商業行為，高興就來，不高興就去，校規毫無約束能力，學習意願普遍低落，老師飽受挫折，毫無成就感，若不積極謀求改進之道，如此頹廢學風，勢必再次造成我國文化史上又一次大災難。

目前本校學生，近年來水準已在逐年下降，至七十六學年度招生已有不足額之事實，此種現象，顯然是受到社會效應影響，產生了互為因果的關係。

高職學生學業成績低落，遠落在普通高中之後，原因是國中畢業生升學是要經過嚴酷的聯招篩選，造成的優勝劣敗，優者進入理想高中，落選的只好選擇職校，否則無校可讀，被逼流浪街頭，意志力強的，還可以先就業，補習重考，意志力弱的，三五成群，物以類聚，再加以社會物質千奇百怪的誘惑，很可能一失足成千古恨，誤入歧途。這些都是惡劣的社會化過程中，

再三的考試挫折，所造成不同程度的自卑，這對幼稚不成熟的心靈，是難以承受，為求發洩，而走逆向表現，用反叛行為逞一時之樂，這就是造成學生行為失衡主要原因。

以七十七學年度第一學期期末，學生操行成績統計結果分析，發現列丙等者二〇一人，占總人數百分之十四；列丁等者八十四人，占總人數百分之六，合計超過百分之二十，簡單的說，平均每五個人中，就有一個學生行為有偏差的傾向，造成學校管理上的困擾，若不設法導正，繼續隨社會動盪起舞，也會造成社會不良後果。

本研究有鑑於此，擬就本校學生嚴重的缺曠課原因，深入探討，試找出

學生學習意願不高，行為失衡的原因，提出有效輔導策略，把學生學習與行為偏差，導入正軌。

補校學生特質

補校為社會推廣教育之一種，依教育部七十六年七月十八日公布高級職業進修補校課程標準，第一章，總綱：

「高級工業職業學校附設進修補校，培養健全工業基層技術人才，以增進生產能力為目標。除應注重人格修養與文化陶冶外，並應：

一、培養學生敬業樂群的職業道德。

二、傳授各種基本知識及實用技能。

三、奠定學生創造，適應變遷及自我發展之能力。」

因之補校教育特質，以培養基層技術人才為主，提昇文化層次與個人人格修養為輔，以達成術德兼修的目標。

為配合社區發展需要，補校利用現有設備與人力，共開設機工、電工、電子設備修護、汽車修護、印刷、建築六科，每年招收國中畢業生與社會有志進修人士，經考試及格後，修畢以上各科三年必修課程，成績及格，發高職結業證書，經資格考驗及格，取得高職資格證明書，據以就業，以提供基層技術人力，現有各科在校人數統計如下：

七十七學年度大安高工補校學生人數統計表

科別	一年級	二年級	三年級	小計	備考
機工科	77	74	10	260	本表依註冊組 77.3.10 統計為依據
電工科	80	70	73	223	
電子科	78	83	71	232	
印刷科	85	74	41	200	
建築科	82	75	78	235	
汽車科	44	38	41	123	
合計	446	414	413	1.273	

研究問題

目前本校學生操行成績列丙丁者，（七十七學年度第一學期）經初步統計分析，主要是由於缺曠課嚴重逾時之所致，而非學生行為失檢，被處罰記過扣分所造成，依據台北市教育局制定之中等學校學生成績考查辦法規定：註1「學生在一學期內對某一學科缺課之時數，達該學科全學期教學時數三分之一者，不得參加該科之期末考試，各學科缺課之時數占全學期各科教學總時數三分之一時，各學科之期末考不得參加，其期末成績以零分計」。註2「全學期內無故曠課超過二十一小時者，應予退學。」經查閱補校訓育組七十七學年度第一學期期末學生操行成績統計，學生操行成績列丙丁，暨部分無故曠課達八十小時者，實已超過本校學生生活管理之最大容忍度。四十分以下，勢必立即離校，不能註冊，而丙等以下者亦應留校查看，並與該等

學生家長保持密的連繫，配合嚴加管束，以免再犯，故有以下問題有待深入探討：

一、補校學生為何不重視考入補校是一項榮譽，理應努力學業，習得一技之長，據以就業，開創自己美好前程。

二、入學登記時之選科是否合於學生興趣？

三、學生到課率是否與選科不當有關？

四、學生無故曠課之真正動機為何？

五、學生是否了解缺曠課不得超過二十一小時之規定？

六、學生是否了解請假之必要條件與作業程序？

七、學生請假原因有那些？

研究範圍

本文研究範圍，以全校學生為研究對象，受試者不分科別。以既有在校註冊人數為準（七十七學年度第一學期註冊人數），由無故曠課原因中找出調整管理方式與可行之道，以達成學生敬業樂群，培養職業道德水準，以減少在校學生流失率。

資料來源

本文學生操行成績，以補校訓育組提供之期末學生操行成績統計表為準，學生人數，以補校註冊組七十七學年度，第一學期註冊總人數為準，學生背景資料，以學生入學時自填之學生綜合資料為依據，以訪問，測試相互印證，以確保資料可信度，數據以回收問卷統計為準。

第貳章　研究方法及程序

本文研究參照 Ex Post Facto 方法設計調查問卷 Questiomnaire 並從本學年度註冊學生操行成績，列丙丁者綜合資料中摘取基本資料，以問卷、訪視、以及個別諮商，相互印證資料之可信度，預定以下之程序，逐步處理：

一、閱讀文獻與學生綜合資料。

二、蒐集資料。

三、設計問卷。

四、試測訪談修正問卷。

五、實施問卷測試。

六、統計分析。

七、撰擬報告。

八、追蹤管制缺課學生實施重點輔導。

九、成效檢討。

本文研究所用調查問卷分為：

一、個人資料？

二、上學期到課狀況？

三、你對求學所持態度？

四、你對到課考評的看法與認識？

五、對學校請假辦法及管理方法是否了解？有何建議？

五大主要部分，用來蒐集印證有關研究問題，並找出癥結之所在，研究可行的辦法，改進目前到課率低之缺失。

已完成之調查問卷，為了證實其通俗與實用性，在重點訪問中，分別交由各班任意指定之代表作先導性的測驗，並徵求其意見，作局部修正，並徵求部分老師與缺課統記登記人員之意見，以求找出缺課原因之最佳途徑，作研究參考。

調查問卷設計

在數據處理過程中，先由各班導師在實施問卷測試後，協助作受測人數統計，以及各題各班初步統計，再送交研究人員作總計處理，此次問卷能得

各班導師，從中協助，使問卷數據得以迅速而正確完成初步統計，使研究人員有充分時間，再作充分深入研究分析，期能找出正確合理答案，供全校老師參考。

在實施問卷測試前，由輔導室致函各導師，敬請指導協助，並請對學生宣佈，本測試僅作學術研究用，不作任何操行與學業成績考查依據，請受試者認真放心作答，以求數據正確。

問卷調查共發出一三七三件，除當天缺課人數與一份拒絕回答外，共收回一一八九件，回收率占百分之九三，各科回收情形如下表：

問卷回收統計表

科別	發出數	收回數	可用百分比
機工科	260	246	95%
電工科	223	205	92%
電子科	232	215	93%
印刷科	200	187	94%
建築科	235	220	94%
汽車科	212	115	54%
合計	1、217	1、189	93%

第參章　資料分析

在全部發出一、二一七份問卷中，共收回「一、一八九」份，收回率百分之「九三、四〇」。未能收回者，為當日之缺課人數，占百分之七弱，所列出之意見（為有效樣本）可代表大多數同學意見。在統計分析過程中，全部資料經統計後，均以百分法（Percentages）說明其分配比率，試找出前章所述七大中心問題的結果，為閱讀方便計，本文內各表所有百分比之小數值，均以四捨五入方式，化為接近整數表示之。

問題分析

表一、選讀職業進修補校的理由

理由	人數	百分比
一、可以半工半讀	770	60％
二、個人興趣	385	30％
三、校譽好	311	24％
四、只求錄取	218	17％
五、父母希望	129	10％
六、離家近	122	10％
七、國中老師介紹	53	4％

說明

一、百分比因複選致總計不能等於100％。

二、百分數以收回1189份有效樣本為依據。

從本題選讀職業進修補校的理由分析：百分之六十答案是與本校教育宗旨相符合，用半工半讀方式，進修一技之長，以爭取立足社會，發展自

我，亦正是我們教育的目的。約三分之一弱是滿足個人興趣，發展個人專長，培養職業興趣，作進入職場先期探討，是整個生涯教育中，重要的環節，百分之廿四約四分之一重視本校聲譽，是本校全體師生共同努力的成果，值得我們重視與珍惜，亦正是我們全體師生，團結一致，共同努力爭取明天要更好的動力泉源。

我們感到疑慮的是以下約百分之四十，選讀本校無固定目標，最值得注意的是僅有百分之四是國中老師輔導的結果，由此證明目前各國中均以輔導升入高中為重要目標，職業與就業輔導是最弱的一環，社會風氣也是如此，實在須要更正確的職業觀念的導正。

表二、目前就讀各科與個人志趣

個人志趣與選科	人數	百分比	說明
一、不完全相符但不排斥	818	64％	百分比以收回1189份有效樣本為依據
二、完全相符	271	21％	
三、無所謂只要順利畢業	105	8％	
四、完全不相符	83	7％	

本題重點：選讀本校各科完全與志趣相符者僅占百分之廿一，約全部學生五分之一，一百學生中，有二十人是在迷糊的混混而已。關於此點，是目前職校未能達到培育基本技術人才的目標，也是高職學生畢業後大部分不能學以致用，浪費了國家寶貴的教育資源，是最大的缺點。

高職學生的平均年齡約二十歲左右，是少年期至青年期的過渡階段，性向極不穩定，尤其是決定終身的職業，過早就作決定的分化，決定未來走向，更是不可能，因此，國內外職業教育家都在不斷尋求課程結構的改進，以補救目前職業教育的缺失，從「單位行業訓練」，到「能力本位教學」，都重在培育學生取得單一行業專長，很不利他們還在職業試探階段的發展，到目前國外職業教育都在尋求課程結構的改進，以補救目前職業教育，毫無彈性的缺失，改為推行「群集教育概念」，把相近的職種列為一職業群，如電子、電工為一群，機工、板金、電焊為一群等等，高職階層僅施以基本技術訓練，就可以在相近的行業中試行選擇就業，不致所學與就業專長有太大的不相關，學生在決定未來發展，也就有了較大的選擇空間。

志趣與所學不能符合時，在施教過程中，確曾造成教學不少困擾，如學習動機不高，缺課學生不斷增加，除學校在學生管理上，要多加檢討改進，推行群集教育概念，在職業選擇與定位上有突破性的改進，符合人本主義人性的需求，但尚有部分學生，既不想升學，又不想就業，學校就責無旁貸，要多以愛心與耐心，關懷他們，鼓勵他們，學得一技之長，順利的進入職場，比既無一技之長，又無較好學力，吸引僱主，流浪街頭要好得多，天生我才必有用，能力高的，做大企業，賺大錢；條件差的，只要有一技之長，有專業技能，照樣可以養活自已，養活一家，也是在社會上盡一分責任。民主時代的人本教育概念，就是要塑造每個人都能成為可用之才，才是教育真正的目標。不放棄每個人，更不要消極的把他們趕出校門，如此會讓社會付出更大的成本。

表三、每日到校需費時間

每日到校需費時間	人數	百分比	說明
一、需三十分鐘	421	33%	百分比以收回1189份有效樣本為依據
二、需一小時	617	48%	
三、需一小時以上	248	19%	

造成缺曠課另一原因，是臺北市捷運正在施工，造成交通嚴重阻塞，使距離學校較遠的學生，無法準時到校，再就是清寒工讀學生，工場下班時間太晚，無法配合學校上課。其次是工場為本身利益，要職工加班也是嚴重現象，學生既不想因拒絕加班而失業，也不想因曠課太多而退學，使他們深度陷入兩難之中。這是目前補校最大的難題，學校單一方面也沒有能力解決較廣的社會問題，不過在未解決交通阻塞之前，就是輔導這些清

寒極需工讀的學生，加入建教合作班，既可領一份基本工資，也可輪流在工場實習，且有合約的就業保障，是可行的兩全之美。

表四、學生到課率統計表　☆百分比以收回1189份有效樣本為依據☆

	原因		
	曠課	事假	病假
1-5小時	295 31%	293 60%	579 45%
6-10小時	20616 %	47 4%	271 13%
11-15小時	177 14%	46 4%	123 10%
16-21小時	106 8%	35 3%	53 4%
22小時以上	41 3%	20 2%	42 3%

表五、缺課理由

原因	人數	百分比	說明
一、交通阻塞	426	33%	百分比以收回1189份有效樣本為依據
二、身體不適	298	23%	
三、請假麻煩	294	23%	
四、工作加班	216	17%	
五、工作太累	151	13%	
六、導師管制太嚴	88	7%	
七、與朋友有約	8	6%	
八、吃晚餐	69	5%	
九、其他	73	6%	

十、課業無興趣　114　11%

表四、表五統計分析：可以明顯看出，交通阻塞是最嚴重的問題，也證明前段推理的正確性。不過交通阻塞雖是不可抗拒的理由，但實際所占比例僅百分之三三，而且是短期的陣痛，捷運完工後，預期可以大幅改善臺北市交通，實際上凡是真正想充實自己的學生，一定也會懂得因應之道，多預留到校的空間，自然會準時到校，不會有處罰的問題，若想找籍口，不想來校或故意遲到，什麼理由都可以，因為老師總是想信學生是誠實的。應加以注意觀察，可以減少學生投機行為，把教育導入正軌。

表六、在工讀期間學生對工作與讀書的態度

一、課業重要，工作次之　993　78%　百分比以收回1189份

二、工作重要，課業次之	39	33%

有效樣本為依據

表七、工作與上課時間衝突時處理的態度

一、考慮換工作	743	78%
二、向公司請假	290	32%
三、向學校請假	132	10%
四、放棄學業	33	3%

百分比以收回1189份有效樣本為依據

表八、在校求學約目標

一、全心努力爭取較好成績	724	57%
二、只求及格順利畢業	473	37%
三、盡力而為不計成績	77	6%

百分比以收回1189份有效樣本為依據

表九、對自己成績

一、滿意	232	18%	百分比以收回1189
二、不滿意	1041	82%	份有效樣本為依據

本題設計重點在測試學生，對半工半讀的體認與看法，這裡沒有對與不對的問題，但希望找出合理的方式，權衡輕重緩急，來調整這兩種角色的平衡點，導正學生遲到與缺曠課行為。

從各表統計分析，相互印證，證明受試者絕大部分，都有較成熟的體認，當然還是能把讀書放在第一，努力爭取成績，充實自己，必要時放棄工作，但也有為數不少的受試者，態度是只求及格，拿到證書就可以，這對成人進修者而言，也許是無可厚非，但對目前補校大部都是國中應屆畢業生而言，不求真才實學，只重當前的社會時尚，虛有外表的文憑主義，何以立足於將來社會，頗令人懷疑。

年青人不能好逸惡勞，要不畏任何艱難，在不同艱困環境中磨練自己，在學習過程中，力求上進，才能有出人頭地的成就，不能存有在父母保護下，永遠成了長不大的孩子，甘願當「草莓族」、「軟腳蝦」只求眼前的享樂，不求將來的發展，這是很可悲的事。一位典獄長半諷刺的說：

「目前教育似乎是面臨小月，生意蕭條，而監獄卻生意興隆，有人滿之患」，學校真的要「加油」！

職業進修補校的教育方式，就是要磨練青年，克苦耐勞，勤奮節儉，不但要學技術，也要修養美德，更要在艱困的環境中，不屈不撓，才能從困難中走出去，改變過去不如意的命運，創造自己璀燦的將來，應以半工半讀，自食其力為榮。

進修與工作並不衝突，只要抱定當初要讀書的決心，任何障礙都會排除，把目光放遠，不要只求眼前的近利，把自己雄心壯志放在更遠的將來，即使是再大的挫折，也阻擋不了你不斷進修的決心，凡事都是從先苦後甜，要「倒吃甘蔗」才會真正領悟其中含意，經過痛苦折磨愈多，將來幸福快樂愈穩固，也愈有意義。天下沒有白吃的午餐，一分耕耘，一分收穫，永遠是不變的真理。讀補校是一種有遠見的投資，不但能習得一技之長，半工半讀，又

可提前投入社會，比別人更早吸取人生經驗，打好獨立生活根基，也能提前實現自己成功的美夢。

表十、對到課率的看法與認識

一、是否曾想得到全勤的榮譽

是	661	52％	百分比以收回1189份有效樣本為依據
否	612	48％	

二、是否知道曠課超過廿一小時會遭退學處分

知道	1、216	96％	百分比以收回1189份有效樣本為依據
不知道	57	4％	

三、是否曾詳細閱讀請假規定與程序

是	913	72％	百分比以收回1189份有效樣本為依據
否	360	28％	

四、是否知道缺課達全學期三分之一時，不得參加期考

知　道	834	65％	百分比以收回1189份有效樣本為依據
不知道	439	34％	

本題設計主要目的，測試受試者對校規了解程度，以事先警告預防為重點，使其能專心學業為研究中心。

從第一子題統計結果，我們清楚了解，曾經打算暫時拋開一切，專心讀書，與從未想過專心讀書的受試者，概略比率是一半一半，「是」占百分之五二，「否」占百分之四八。真正想讀書的人僅其中約半數而已，不想專心讀書的人，可以從前列各題統計結果看出，他們不外是想分享本校名譽好，不想要好成績，但求能畢業的心態，毫無進修動機，則必然導致到課率低，

再加以近幾年來，面臨招生困難而不得不降低錄取標準，如此情況下所招收來的學生，很難有高到課率，這是有絕對關聯性。

其他各子題都是在測試學生是否了解校規，會不會認真服從校規，保護自己，以免觸犯而遭退學處分。從統計結果顯示，了解缺課超過廿一節要退學者占百分之九六，了解請假手續者占百分之七三，了解缺課超過三分之一者不得參加期考，占百分之六六。了解是常態，不了解，是受試者故意迴避調查，找出的藉口而已，無明顯意義。

第肆章　總結

分析摘要

本文七大中心研究主題，透過問卷，抽樣訪談與實際觀察接觸，所得結果，摘要歸納如下：

一、進修學生選讀本校理由，主要是可以半工半讀（60％），其次是個人對專業技術的興趣，學得一技之長（30％），其他則只求錄取並無中心目標只占十分之一，並不嚴重。

二、學生入學登記選科，僅有百分之二十一，約五人中有一人志趣與所選科類完全相符，其餘大部分是不相符，但可免強接受。

三、學生到課率不高與選科不當有相當高的關聯性，其次是學生無明顯求學意願與動機，課業也不求高分，只求能畢業，能拿到證書為唯一目的，是受社會風氣影響，對學生百害而無一利，宜在未設輔導室前，

由各班導師，加強輔導，溝通觀念，要以真才實學，供獻社會，服務社會才是正途。

四、學生無故缺課的原因，除因交通阻塞是不可抗拒的原因外，工讀工廠下班太晚，常加班，是社會整體因素，學生在選擇工廠工作前，應先慎加考慮，不要在事後僅為區區一點小錢在工作與讀書間陷入兩難而無法取捨，在無法決定時，學生要冷靜找父母或老師商量，第三者的正確觀察與分析，提供參考，比自己衝動與偏見的與學校對立，要有意義多了。

五、學生百分之九十六了解學校規定，無故缺課超過二十一節時，依規定將受勒令退學之處分，學校只是在作事先的警告，目的也並不是一定要將學生退學，學生也應早警惕加以改正，不要到超過規定時，再後悔不是正確處理危機的方法。

六、學生約三分之一，能了解請假規定與程序，部分是明知故犯，要全體老師平時多加指正。

結論

一、從受試者選讀補校的理由分析，發展職業專長並不是唯一的目的，可以看出，目前補校發展困難，可能會一年比一年嚴重，而補校教育目標也逐漸難以達成。從六十年以後，補校招生錄取水準逐年放寬，到七十六年已首次面臨招生不足，而被迫二次招生。再以目前在校生缺課日漸嚴重，學習情緒不高事小，更常以微不足道的小事，在校內造成暴力事件，使校園很不安寧，這是由漸變到突變很不正常的現象，不但污染校園，也防礙寧靜的學習風氣。

二、職業進修補習學校，是社會推廣教育，招收學生對象應為社會失學青年或各生產工場員工有意進修人士為主，為他們專門開闢的進修管道，以增進員工新知與技能，提高生產為目的。

三、再以在校學生之年齡與成績分析，年紀較長者成績常比應屆畢業國中生要好，而且學習認真，也最珍惜在校學習時間。反之，應屆國中生大部分都是飽受考試挫折之青少年，在國中階段，被能力分班，貼上「放牛班」或「後段班」的標籤，受盡輕視與屈辱，身心都受到極度的傷害，對課業都感到畏懼，有深度的自卑，極需關愛與鼓勵，幫助他們恢復自信，遠比貫輸新知更為重要。

建議

一、對教育行政管理改進建議

（一）、為保持本校悠久良好傳統的校譽，爾後招生宜增多社會青年與工場在職員工名額，使進修補校能發揮名符其實的功能，若名額不足時，可以習技藝為主國中畢業生，分配名額，保送入學，按性向與個人志趣分科，混合施教，以成人多數影響少數，培養榮譽感，提昇學習興趣，用鼓勵減少缺課率，應為治本之道。

（二）、利用班週會與入學新生訓練，加強宣導學校各項規定，以協助學生了解新學校，新環竟，不再有歧視性的能力分班再出現，使他們有自尊在一起學習，不再受歧視。

（三）、上課時間可以向後移動至下午七時整上課，以避開下班交通阻塞時間，方便工讀學生上學，可有效減少學生遲到缺課，進而可提昇學生到課率。下課放學時間亦可順延至十一時，整個時間調整，均不影響全年授課時數，影響最大者，應為老師與全體工作人員，但能以學生為中心的多元社會，多增加一點老師愛心關注與工作人員辛勞，給學生有更大的方便，增加教學效果，是很值得也很有意義。

（四）、工業職業學校可大膽仿照國外，分三部教學，一部為目前的日校，上課時間完全不變，第二部為下午六至十二時制，即目前的夜間部制也不變，建議增設午夜第三部制，上課時間為午夜一時到清晨六時，為完全成人班，主要對象是工廠在職員工，優點是充分利用學校現有設備，國外已實施多年，很受企業與產業界歡迎，且根本無交通阻塞問題，學生到課率極高，因有工場全力支持與督導。缺點：是教職員工需增聘為三組，輪流

上班上課，僅為增加員額而已，工作效力與成果倍增，而社會成本並未相對增加，是改進學生到課率最有創意的建議，值得擇校擇地區試辦。

二、對學生建議

（一）、青年是記憶力的顛峰期，約十五歲至廿五歲，過此則與年齡成反比，有「時過而後學，勤苦而難成」的警語。因此青年人應以把握此大好學習期，多充實自己，磨練自己，為創造美好的未來而努力。要忍受目前任何挫折，吃得苦中苦，將來有成就才有價值。不能只顧目前，因打工而賺點些微的零用金，就會放棄求學的良機，未免是犧牲太大而不值得。

（二）、天生我才必有用，千萬不要為一點小挫折，而灰心喪志，那就太對不起滿懷希望的父母。青年人應該充滿雄心壯志，更要經得起考驗，愈挫愈勇，俗語說，「愛拼才會贏」永遠是對的，在失敗中得來的成功才是最完美。

（三）、求學問是無捷徑更無法投機取巧，若迷糊混過三年得一張虛有其表的文憑，而沒有實學，何以立足於將來知識爆炸的科技社會。若等到將來在工作時，自己無能力勝任，才是最痛苦的事。所以一定要把握現在的一分一秒去學習，去磨練，不輕易請假，更不能輕易缺課，失去寶貴學習的機會，「書到用時方恨少」，那豈不是遺憾終身嗎？

三、重點輔導建議

為提醒經常有請假習慣，與故意缺曠課同學即時覺悟，以免繼續惡性逃課，而遭致不可挽救的退學處分，造成教育上的浪費與困擾，特建議對經常曠課同學實施以下之重點輔導：

(一)、凡連續無故缺曠課在五節以上時，請各班導師先作實際了解，約談，重點在個別諮商，家庭訪問，蒐集缺課原因，以便作有系統觀察、分析，並請家長合作，共同研討有效防止曠課再發生。

(二)、以上處理無效，發現尚繼續缺曠課時，請導師立即與訓育組與生活輔導組保持連繫，並由訓育組登記員寄發該生缺曠課通知單與家長連繫，設法了解該生家長對子女管教態度與立場，並請配合嚴加督導，以免觸犯校規，遭致不可挽救的退學處分。導師在處理學生逃課時，宜以最大愛心，真誠關懷，使能接受老師善意的勸告，至醒悟為止，老師竭盡心力，若十個中能感化一個，也是老師在他畢生的教學生涯中，永遠是一件難忘的最大樂事。

註1 台北市政府教育局編印，中等學校教育法令・彙編第一百三十八頁，高級中學學生成績考查辦法第三十七條。

註2 同上第四條。

補校機工料畢業生追蹤研究

（民國六十九年七月臺北市大安高工工作研究報告）

第一章 緒論

一、前言

學校教育常隨社會變動與需要而作適時的改變，本校自民國二十九年（1930）創立以來，已歷經五十多年，其中曾數次快速的轉變，都能順應當時社會經濟發展需要，而圓滿的完成當時經濟建設任務。

台灣光復前，社會工業結構是以家庭與小型工業為主。技術人員的補充，習慣都以傳統的學徒方式，承接家傳技藝，流動量極小，技術少有進步，部分選擇性的基本工業如機工、電工、電子等則以初級工職或短期技工養成所供應，能維持當時各類雛型工業之生存。

光復後，中央政府遷台。因軍事工業需要，引導工業急速成長。技術人員需要迫切，接受美援後，工業職業學校，推行美國單位行業訓練，培養各類基礎技術人員，極積發展各類基礎工業，因而使當時以農業為主的經濟型態，快速轉變成以工業推動農業的近代經濟結構。本校為配合社會需要，將初級工職升級為高級工職，機工科亦於稍後不久由一班增為二班，學生由原有的五十人，增加到一百人，大量提供工業發展的需要。

自退出聯合國，美國援助終止，對當時經濟發展打擊很大，但仍保持以輸出為導向的經濟政策，不但能保持國內市場穩定，且能繼續大量提供外銷，堂堂與日本、韓國、新加坡並列為亞洲四小龍，外國人驚為「臺灣奇蹟」。自此，生產結構也由勞力密集，漸變為技術密集結構，淘汰夕陽工業，如紡織、製鞋業等，爭取國際市場與維持國內經濟不斷發展與繁榮，配合我國工業升級，力求在國際經濟發展地位上再突破，當前的工業教育

的導向，勢必要以高品質的技術人力投入市場，否則不足應當今激烈的市場競爭需求。

二、研究動機：

最近幾年，本校部分職種學生選讀意願漸趨低落，畢業生繼續升學意願極高，就業率低，此種現象，以機工學生最為明顯，為了解「產」「教」實際不平衡現象，找出問題癥結之所在，以作今後招生，編班與課程編訂參考。

三、研究目的：

（一）、研究受試者的選校選科的意願為何？是否是以強烈的第一意願選讀本校機工科？以及就業後生活狀況。

（二）、了解機工科的供求與未來發展，就業後與所學之專長是否相符，就業所需時間以及工作流動狀況。

（三）、對目前工作滿意程度，同事間人際關係，工作信心與發展概況。

（四）、對學校目前所開課程是否配合社會需要，是否有差距？
（五）、學校所提供的專業知識教育在工作上是否實用，教育效果如何？
（六）、高工畢業生技術受肯定，但薪資偏低，是否受影響還想繼續升學？

四、研究範圍：

以七十一~七十二年度大安高工補校機工科甲乙二班畢業生為主，其他年度因畢業離校過久，工作流動量大，不易掌握，故未列入本文研究範圍。

五、資料蒐集方式：

（一）、以問卷方式，請解答有關查訊資料，以憑統計處理分析。
（二）、訪問北部二班畢業生聯誼會各負責人，調查各班學生就業概況，並作問卷試驗，以憑校正與修訂。

（三）、訪問北區部分較大生產工廠，了解畢業生工作概況，僱主對本校畢業生信賴程度，以及學校與工廠訓練差距。

第二章　研究方法

一、調查問卷設計

參照美國南塔那瀑布中學畢業生追蹤調查問卷暨 Ex Post Facto 法製訂問卷，蒐集第一手資料，親訪部分畢業生，作試測後再修正。然後再作下列資料蒐集：

第一部分：個人資料（Personal Information）含婚姻，家庭，以及經濟狀況，了解工作安定性。

第二部分：就業概況（Job Location）含初次獲得工作所需時間，是否與所學專長符合，目前薪資，工作滿意度，以及是否想更換工作。

第三部分：學校教育的成效是否有效幫助畢業生就業（Adequate Preparation TIVS Graduates）含工作信心，技術純熟度，理論與實際能否配合。

第四部分：對學校改進建議，含課程，技術訓練，生活管理。

二、問卷試驗與修正

已完成之調查問卷設計，為了測驗其通俗性與實用性，在重點訪問中，分別交由畢業生聯誼會主席與部分大型生產工廠，任用本校畢業生五人，作先導性測驗，並徵求其意見，作局部修正。

三、資料蒐集：

主要資料來源是以大安高工補校七十一～七十二兩學年度機工科甲乙兩班畢業生一百五十六人之問卷調查為主，共收回九十七件，占全部發出一百五十六件百分之六十八，為有效且具代表性。全部問卷之統計數據，僅以百分法（Percentages）測定研究價值比率。未作更深入處理。

第三章　資料分析

本調查研究結構，以找出下列九個主要問題答案為主。

一、選讀補校機工科之理由為何？
二、獲得初次工作的時間為何？
三、目前工作與在校所學的相關程度為何？
四、目前工作的滿意程度如何？
五、與其他同等學校畢業生起薪上有無差異？

六、與五專或專科學較畢業生起薪有無差異？
七、與其他同等學校畢業生職稱上差異為何？
八、與五專或專科學校畢業生職稱上差異為何？
九、還想繼續進修嗎？

以相關之次子題為輔，但僅作九個主要問題統計分析，並找出答案，次子題僅作分析參考不作統計。

在統計分析過程中，所有資料統計，比率並探求結果。分別解答本次研究九個中心主題。為方便閱讀計，本文內各表所有百分比，小數值以四捨五入方式，化為接近整數表示之，

一、資料結構：

本研究共發出一百五十六份，收回九十七件「占百分之六十二」在九十七件資料中，畢業生的平均年齡為二十五歲。其中十四人已婚，占百分之十四，在已就業五十七人中，平均薪資七仟至一萬元之間。

問卷結構：

資料摘要	總數	結果	備註
收回問卷	九十七件	百分之六十二	
年齡		25歲	
已婚		14人	
月薪		八千元	為已就業五十七人之平均數

二、各問題結果與分析：

問題一　選讀補校機工科理由

（一）、問卷統計：一百五十六人中，回答九十七人，為有效樣本

理由	人數	百分比	名次
1、個人興趣	65	67%	第五
2、半工半讀	49	51%	第六
3、學校好	66	68%	第四
4、只求錄取	72	34%	第七
5、父母建議	81	83%	第三
6、機工出路好	71	27%	第八
7、國中老師指導	93	96%	第一
8、離家近	91	94%	第二

(二)、結果分析：

浮生散記

1、調查發現選讀本校的理由，占第一位的是受國中老師指導的影響，是一件可喜可賀的事，我國在仿照西方教育制度中，首先在國中按班級人數比例，首先增設專業訓練輔導人員，每班每週有一小時的輔導課程，由專業輔導人員指導活動，除心理指導外，最重要的任務，就是升學與就業指導，升學是全校的總目標，有關全校榮譽，學校雖有上級行政單位約束，還是在暗地盡一切可能，做能力分班教學，輔導鼓勵學業成績優良學生升學，使學校保有升學率高的榮譽，績效卓著，最不受重視的就是後段生的出路重擔，是一項吃力不討好的事，只有丟給輔導老師默默的付出，從選擇高職學一技之長，全是指導老師指導結果看來，輔導老師默默的奉獻，是有了令人敬佩的成果，否則讓這些十五、六歲的孩子，盲目的自己摸索，任由他們在考場一爭

高下，他們或許經常就只是扮演考場的落敗者，而永遠抬不起頭來。

2、得第二的理由是離家近，是學校社區化最好的理由，否則任由中南部甚至還有遠從東部學生慕名而來，選考本校，造成交通、通勤，生活管理等等社會與學校問題，大量進入城市，增加人的壓迫感，使城市生活品質低劣，是很不合理的事。

3、第三項理由是父母建議，是很合理，有父母可供商議，在猶疑時，提供一些長者的經驗與指導，可免無意義的以嚐試錯誤去試探，是很不經濟，也是十分危險，更常是一失足成千古恨的最原始動機。

4、第六項理由是機工科出路好，落入第八位，是一件令人憂心的事，社會地位不被看好的原因，根據訪查結果顯示，普遍不了解機工的特性，是生產的骨幹職種，各種類工廠都需要工作母機，帶動各種各類的生產，工作面廣，就業機會一定多，是必然的，但基礎機械工作人員，就是需要很好體力，工作環境差（一般小型鐵工場）有黑手之稱，年青人都嚮往白領階級，坐辦公桌工作，對又髒又累人的『黑手』都是裹足不前，從每年本校招生，機工科都是最後登記額滿，就是最有力的證明。

問題二、畢業後獲得第一個工作所需的時間

（一）、問卷統計：一百五十六人中，回答九十七人，為有效樣本

所需時間	人數	百分比
1、畢業前	39	40％
2、一個月內	21	22％
3、二至三個月內	4	4％
4、四至六個月內	2	2％

5、七至十二個月內　24　25 %

6、一年以上　10　10 %

（二）、結果分析：

百分之四十回答在畢業前就已獲得工作，顯示他們是在職進修，或是利用晚上讀書，白天工作，（Part time work, part time students），是補校學生的特性。若白天不工作，反而是不正常現象。不是好逸惡勞，也可能三五成群，為非作歹，是社會亂象的根源。補校學生在入學後，家境不好的，一定利用白天空餘時間，找份工作，既可維持在校的學費，又可自食其力，不用家人操心。在好的方面，提前進入社會，在工作學習，培養責任感與職業興趣，奠定了良好生涯規畫基礎。

值得注意的是本次調查發現，在半年至一年期間內，無工作者約占百分之三十，分析判定他們是在進修與尋求更好職業機會中徘徊不定，或者是他們對學校所培養的專長並沒有興趣，浪費三年的寶貴時間，也浪費了珍貴的教育資源，是值得我們憂慮和檢討。

問題三、就業後的職稱

（一）、問卷統計：一百五十六人中，回答九十七人為有效樣本

職稱	人數	百分比
各類金屬工	14	14%
管理員	10	10%
外務員	25	26%
其他（與機工無關）	48	49%

（二）、結果分析：

從統計中顯示，僅十四人約占百分之十四，與學校所學完全相符，百分之三十六從事非技術性的行政工作，百分之四十九工作與所學完全不相關，等於該科畢業生約半數學用不能配合，學非所用，造成教育資源浪費。

問題四、目前工作與在校所學符合度

（一）、問卷統計：一百五十六人中，回答九十七人為有效樣本

	人數	百分比
完全相符	14	14%
部分相符	35	36%
完全不相符	48	49%

（二）、結果分析：

問題四與問題五互為因果關係，原因是：

1、機械工太粗重不受歡迎

2、學校未能依社會需要與學生心理將招生班級數縮減，以致學生有過剩現象

問題五、受試者與其他同等學校畢業者在起薪上之差異？

（一）、問卷統計：一百五十六人中，回答九十七人為有效樣本

起薪比較	人數	百分比
1、較高	26	27%
2、相同	71	73%
3、較低	0	0%

（二）、結果分析：

經統計顯示，本校畢業生在社會受歡迎是肯定的，在起薪上只有比其他同等學校較高現象存在，但不

會比其他同等學校畢業生低，起薪較高的原因，分析本校學生在技術養成上與其他生產工廠間並無差異，故工場在任用後，不需再作職前訓練（OJT）。其次本校機工工場各種設備，均依實際需要，每年均編有定額預算，更新設備，學校所學理論與實際操作，與生產工場並無差距，故本校畢業生極受歡迎。

問題六、與五專畢業生在起薪上之差異如何？

（一）、問卷統計：一百五十六人中，回答九十七人為有效樣本

與五專起薪比較	人數	百分比
1、較高	17	18％
2、相同	32	33％
3、較低	48	49％

（二）、結果分析：

統計顯示。有百分之四十九的本校畢業生起薪較五專畢業生起薪低。這是目前社會上存在已久的問題，重文憑。並不重技術的現象，是本校畢業生就業緩慢，而希望繼續進修的主因，但也有百分之十八的學生起薪比五專高，是很合理，因五專生前三年只是高中課程，後二年才是高工技術課程，工場設備以及技術教師的專業性，均與本校還是有一段差距，只是在學力上比高工表面上是高一層而已。

問題七、與其他同等學校畢業生在任用時職稱上有何差異？

（一）、問卷統計：一百五十六人中，回答九十七人為有效樣本

職稱比較	人數	百分比
較高	32	33%

相同	54	56%
較低	14	14%

（二）、結果分析：

依統計顯示。在職稱上並無顯著的不同，僅有百分之三十三稱謂較高，大部分均有相同的稱呼，但無明顯的實質意義。目前工商界均會利用人的虛偽弱點，為了受僱者顏面，常毫不吝嗇的冠以受尊敬的頭銜，如業務經理，售貨經理，服務工程師等等，但薪資就是不高，大家相同。

問題八、與五專畢業生在任用職稱上之差異如何？

（一）、問卷統計一百五十六人中，回答九十七人為有效樣本

職稱比較	人數	百分比

較高	32	33%
相同	54	56%
較低	14	14%

（二）、結果分析：

統計顯示，本較畢業生在職稱上，約有一半畢業生認為比五專畢業生要低，因為他們是專科畢業生，不管他們能不能上機器直接參與生產，是現實社會問題。實際上依人事任用規定，專上學校畢業生稱為技術員，業務員等，而高中高職畢，通常均以技術士，技工，車工等稱之，使人有低一等的感覺。這也是目前高工畢業生，就業緩慢另一原因。

問題九、受試者進修願望如何？

（一）、問卷統計　一百五十六人中回答九十七人為有效樣本

進修意願	人數	百分比
1、無實力進修	9	9%
2、學用配合不需進修	18	19%
3、學力不足決心再考	42	42%
4、補習後再考	28	29%

（二）、結果分析：

日前高工補校機工科畢業生，進修願望很高，百分之70約總人數三分之二，因高職畢業學資太低，無論從起薪和職務上均低人一等，不受重視，決心進修。故無論基於社會需要與人力供求的公平競爭原則，提供願意進修者進修機會是有必要，既可提昇人力素質，也可提升技術水準，使工業加速朝技術密集階段大步邁進。

第四章　結論與建議

一、分析摘要

（一）、受試者選讀補校機工科的理由，按其等級分配得以下結論：

1、個人主要興趣。

2、可以半工半讀。

3、公立學校名氣好。

值得注意的是約二分之一受試者是無理由，但求錄取就好，雖是少數，但是註冊後，顯然為學科跟不上而苦惱，學習情緒低落，是主要原因之一。

（二）、受試者畢業後獲得初次工作所需時間，約三分之一的就業者是在畢業前已獲得工作。約三分之二是徘徊在升學與尋求更好的職業機會，對學校培養的專長欠缺興趣，也欠缺信心。

（三）、受試者目前工作與在校所學相關程度不高，大部分學用不能配合。此點與國內其他學者研究結果大致相符。
（四）、百分之七十四的受試者對工作滿意。百分之二十四對工作不滿意，主要原因是學資低。不受社會重視，受技術影響小。
（五）、受試者與其他同等學校畢葉生在起薪上大致相等，也有比其他同等學校畢業生起薪較高現象，但無偏低紀錄。
（六）、受試者與五專畢業生在起薪上有明顯不同，五專畢業生，一般起薪均比木校畢業生為高，使本較畢業生在待遇上立於不利地位，因而導致就業緩慢，而相對的，則盲日的急於提昇自己學力，以求社會地位實質平等。
（七）、受試者與其他同等學校畢業坐在職稱上並無明顯的差異存在。
（八）、受試者與五專畢業生在職稱上較居於不利的地位，百分之五十六的受試者認為在職稱上比五專畢業生為低，百分之三十六相同，百分之四較高，而一般工場稱專上畢業生為「員」，而稱高工畢業者為「士」或「工」。

（九）、受試者約百分七十二有進修願望，無進修願望者僅占百分之二十九。

二、結論：

（一）、從受試者選讀補校機工科的願望不高，在校期間學習情緒低落，畢業後就業緩慢，且大部分學用不符，分析結果，補校機工科目前仍採雙班制，係純以充分利用現有設備與師資之原因，未能依目前社會需求而調整，致有浪費現象，人力供需，宜以市場需求為主，背離原則，而未能彈性調整，就是不切實際。

（二）、補校招生自民國七十學年度開始，美其名自由登記，選擇科組，但仍以成績高低，決定登記各科優先次序，機工科總是

落在最後一組，各科全額滿後，無其他科好選時，勉為其難的登記，否則就無校可讀，想重考只有等明年了。致入學水準，逐年下降，從調查中顯示，選讀補校機工科為個人主要興趣者，僅占百分之二十三，五個人中，僅有一人是自願的，其他都是出自不得已。

另一原因，機工科仍採雙班制，人數過多而不精，也是成績低落原因之一。

（三）、機工科學科成績偏低，但仍有補習升學之願望，調查顯示。亦有百分之七十有升學願望，雖近盲目，但亦受社會風氣影響，重文憑而輕技術，因此，當前技術與職業教育，無論在學制上，課程上，均應作適度的調整，以因應當前人力密集到技術密集，轉型期中的迫切需要。

（四）、高職補校學生的平均年齡約在十八～二十歲之間，無論基於生理、心理以及在就業準備上，均不穩定，游離性極大，無論對職業概念，以及職業選擇，均感徬徨無所適從，故無論在課程編排上，技術培養上，宜保持適度彈性，目前已有數間大學嘗試在一年級不詳細分系，更何況工商職學生，若再以成績取向，作分科分職種之依據，強制分化，則無異於毀滅青年人的前程，浪費國家建設人力。

學校的責任是輔導他們，教育他們，認識自我，培養自食其力的能力，不受環境影響，而能作正確的決擇，以達到利己利人，人盡其才，服務社會，建設國家的目的。

三、建議：

（一）、基於以成績取向的職種分化，導致大部分學生學非所用，造成教育不切實際，浪費寶貴人力，建議改進如下：

1、入學登記宜採取真正自由登記，不以成績取向。

2、一年級不宜精細分科，宜採群集職業課程，廣泛的基礎技術訓練，培養職業興趣，作先期的生涯規劃準備。

3、二、三年級再作彈性的選擇性的職業專長訓練，課程仍依群集職業概念編配。使技術培養，能有較廣的適應性，不致照成因選擇錯誤而成終身遺憾。

（二）、基於職業流動過大，建議加強補校建教合作，多與產業界合作，以階段合約方式，代為訓練專業技術人才，學校提供技術訓練，工場則保障其就業與升遷的管道，不斷提升工廠生產技術水準。

（三）、基於高工三年級學生升學願望極高，建議選擇績優高工，兼辦二專技術養成教育，採「三二學制」。即前三年以高工教育為目標，完成三年課程，考試及格，不願升學而願就業者，發高工畢業證書。若技術與學業均優，願進修者，得免試直接進入二專部就讀，結業發專科證書。加此不僅可獎勵辦學績優學校，且可滿足學生升學願望，提昇技術水準，以適應當前社會經濟發展，轉向於技術密集之急需。

參考資料

一、書籍類

（一）、林清山　心理與教育統計學

（二）、張慶凱　教育職業指導

（三）、宗亮東　教育輔導

（四）、Beobold B. Van Dalen, "Understading Educational Research" Mc,Graw Hill, 1962.

（五）、Allen L. Edward, "Experimental Design in Psychological Research", The Univ. of Washington,1976.

二、期刊類

（一）、中華民國歐洲技職教育考察團報告書
（二）、馬道行　國立技術學院畢業生追蹤研究
（三）、工教月刊
（四）、Lafting, Teffery T.　"Sttudents Follow-up" Tournal of Students in Technical Gareer, Winter, 1981.

浮生散記

FROM WUWEI TO TAIPEI

錢光中 著

後記篇

光中七十文影輯要

後　記

民國九十三年四月於中和

教師退休後，寓運動腦神經於休閒活動，希望能減緩老人痴呆，自定每日家庭作業，電腦多媒體習作，仿回憶錄方式，整理過去散作，試編迷你《浮生散記》一冊，自行打字輸入，自行設計封面，思考與學習並進，工作與消遣一樂，頗能收消磨時光之效，草稿完成後，再經小兒宗傑初步潤飾處理後，很有美感與錦上添花的效果，使我精神為之一振，再加好友與小兒的推波助瀾，成箭拔弓張之勢，欲罷不能，於是鼓足勇氣，決心倉促交付印刷出版，民國九十三年九月初版印刷完成交件，乍觀近代印刷技術突飛猛進，封面設計，美化效果，很引人入勝，遠比電腦列印彩色原件，高明很多，帶給我出乎意外的驚喜。

可惜再經詳細閱讀後，內容錯字百出，好友電話不斷，熱誠好心指正，字體繁、簡混雜，年號公元與民國難辨，使我感激不盡，在遺憾羞愧之餘，決心重編再印，並將初版《浮生散記》內容嚴重錯誤，全力改正，增加退伍從《教》，較有意義的教育論述六篇，以補充後三十年之空白，以較完整記述我的成長與發展的歷程，同時衷心感謝好友邱國範先生與通校幾度同窗好友，胡林森，梁靜波學長熱心校正，使錯誤減至最少。

教育論述，〈春風化雨三十年〉是銜接我民國五十八年由軍中退伍後，考入國立師範大學（現改名為「國立臺灣師範大學」），畢業後到臺北市工（現改為「臺北市大安高工」）教英文，一年後兼任行政職務，直到退休。教育論述，是在教書與兼行政工作期間，對教育的主張與抱負加以申述，事隔三十年，其中重要主張，都已先後改進或增設，已事過境遷，失

去意義，無贅述之必要，但為展現對當時工作的執著與敬業，還是彙整列入《光中七十文影輯要》內，以資紀念。

離開了教育工作後，恢復一介「布衣」之身，如釋重負，頓時輕如鴻毛，有飄飄欲仙感，是剛離職後的最新奇的感受，久了，又很懷念長久在一起的工作夥伴，與每日上班、上課、放學、下班、回家有規律的生活真好，三十幾年來建立良好的生活習慣，不用家人催促，也不要時鐘提醒，從一早起床後，就會自然的運作起來，輕鬆愉快，雖有些責任感的壓力，但都甘之如飴，一點也不緊張。

退休一段時間後，「身」「心」全都放鬆下來，離群雖不是獨居，但也能享受到寧靜幸福的家庭之樂，撫平了內心矛盾，也填補了心靈的空白，

重新調慢生活步調，從喜愛的休閒、運動、旅遊、玩電腦的安排中，理出合理的生活步驟，也找回自己感興趣的心靈寄托，再把生活導入生氣勃勃的正軌。

在這裡要特別感謝一大早就在一起運動的夥伴張老師，澎湖中興國小前教務主任，他不僅是一起在公園有始有終做晨運的好伙伴，最重要的他是電腦玩家，當然我也會感染到玩網際網路的興趣，他教我很多玩網路的各種領域與進入的技巧，由於好奇與誘導，使我興趣大增，每日定時開機，四通八達，悠遊其中樂趣無窮，真有返老還童之感，同時也在小兒宗傑的協助下，因他專攻電子工程，電腦從小玩到大，比老爸一知半解，強得很多，他知道我的需要，從新調整組裝電腦，使我在整理文件、編輯過去的照片製作多媒體，享有如魚得水之樂！也是促使我把過去散亂舊作，彙編

為《浮生散記》的最原始動機，既能增加成就感，又能興奮從美好過去的回憶中，拾回童年與青年時代的樂趣。

拙作本為零亂片段記述，未料經電腦處理列印後，再經好友邱國範先生初步校稿，使文字更為通順，在感激之餘，再三懇求，為散記作序，以增光彩。

國範兄為我每日在公園做晨間運動的好友，大陸撤守前，我們都是年齡相近的流亡學生，每談起「一寸山河一寸血；十萬青年十萬軍」的豪情壯志時，大家都有熱血沸騰之衝動，同為大時代小人物，同為國家流汗、流血，都從在三餐不繼的年代中，艱苦的走過來，雖不談當年英雄好漢，但以回味往事，一吐為快，應該是我們同年齡的時代兒女，一大樂事。

大安高工進修學校同事司馬雄風兄，以〈回首前塵看他的艱辛歲月〉見證我的苦難，十分感謝司馬雄風兄日間「爬格子」，晚上「吃粉筆灰」，日夜皆忙的公務中，為我熱情作序，使拙作生色不少。

最難能可貴的是我們大家尊敬的劉校長世勳先生，馬不停蹄剛由大陸參訪回來，接著又往越南旅行考察當地教育，倍極辛勞，返校後立即親自致電，關懷拙作《浮生散記》編印狀況，並概允兩三天內，序文即整理定稿，立即 e-mail 給我，使我十分感激，也感到十分惶恐，惟恐內容過於平凡庸俗，辜負校長厚望。

最後要感謝秀威資訊數位出版部李坤城先生，以專家經驗，精心校

訂，使原稿玩電腦格式，不合正式出版慣例部分，全部加以改正，務使拙作臻於至善，且不辭辛勞，幾次往返，親送稿件，使拙作能順利出版，特再次衷心致謝！

光中七十文影輯要

國家圖書館出版品預行編目

浮生散記 = From Wuwei to Taipei / 錢光中著. -- 一版.
臺北市 : 秀威資訊科技, 2005 [民 94]
面 ; 公分. -- 參考書目 : 面
ISBN 978-986-7263-35-3(平裝)
1. 教育 - 文集

520.7 94008690

語言文學類 PG0056

浮生散記

作　者 / 錢光中
發 行 人 / 宋政坤
執行編輯 / 李坤城
圖文排版 / 劉醇忠
封面設計 / 羅季芬
數位轉譯 / 徐真玉　沈裕閔
圖書銷售 / 林怡君
網路服務 / 徐國晉
出版印製 / 秀威資訊科技股份有限公司
台北市內湖區瑞光路 583 巷 25 號 1 樓
電話：02-2657-9211　傳真：02-2657-9106
E-mail：service@showwe.com.tw
經 銷 商 / 紅螞蟻圖書有限公司
台北市內湖區舊宗路二段 121 巷 28、32 號 4 樓
電話：02-2795-3656　傳真：02-2795-4100
http://www.e-redant.com

2006 年 7 月 BOD 再刷
定價：320 元

讀　者　回　函　卡

感謝您購買本書，為提升服務品質，煩請填寫以下問卷，收到您的寶貴意見後，我們會仔細收藏記錄並回贈紀念品，謝謝！

1.您購買的書名：＿＿＿＿＿＿＿＿＿＿＿＿＿＿＿

2.您從何得知本書的消息？

☐網路書店　☐部落格　☐資料庫搜尋　☐書訊　☐電子報　☐書店

☐平面媒體　☐ 朋友推薦　☐網站推薦　☐其他＿＿＿＿＿

3.您對本書的評價：(請填代號　1.非常滿意 2.滿意 3.尚可 4.再改進)

封面設計＿＿　版面編排＿＿　內容＿＿　文/譯筆＿＿　價格＿＿

4.讀完書後您覺得：

☐很有收獲　☐有收獲　☐收獲不多　☐沒收獲

5.您會推薦本書給朋友嗎？

☐會　☐不會，為什麼？＿＿＿＿＿＿＿＿＿＿＿＿＿＿＿＿＿＿＿＿

6.其他寶貴的意見：＿＿＿＿＿＿＿＿＿＿＿＿＿＿＿＿＿＿＿＿＿＿

＿＿＿＿＿＿＿＿＿＿＿＿＿＿＿＿＿＿＿＿＿＿＿＿＿＿＿＿＿＿

＿＿＿＿＿＿＿＿＿＿＿＿＿＿＿＿＿＿＿＿＿＿＿＿＿＿＿＿＿＿

＿＿＿＿＿＿＿＿＿＿＿＿＿＿＿＿＿＿＿＿＿＿＿＿＿＿＿＿＿＿

讀者基本資料

姓名：＿＿＿＿＿＿＿＿＿＿　年齡：＿＿＿　性別：☐女　☐男

聯絡電話：＿＿＿＿＿＿＿＿　E-mail：＿＿＿＿＿＿＿＿＿＿

地址：＿＿＿＿＿＿＿＿＿＿＿＿＿＿＿＿＿＿＿＿＿＿＿＿

學歷：☐高中(含)以下　☐高中　☐專科學校　☐大學

☐研究所(含)以上　☐其他＿＿＿＿＿＿＿＿

職業：☐製造業　☐金融業　☐資訊業　☐軍警　☐傳播業　☐自由業

☐服務業　☐公務員　☐教職　☐學生　☐其他＿＿＿＿＿

請貼
郵票

To：114

台北市內湖區瑞光路 583 巷 25 號 1 樓

秀威資訊科技股份有限公司　　　收

寄件人姓名：

寄件人地址：□□□

(請沿線對摺寄回,謝謝!)

秀威與 BOD

BOD（Books On Demand）是數位出版的大趨勢，秀威資訊率先運用 POD 數位印刷設備來生產書籍，並提供作者全程數位出版服務，致使書籍產銷零庫存，知識傳承不絕版，目前已開闢以下書系：

一、BOD 學術著作—專業論述的閱讀延伸
二、BOD 個人著作—分享生命的心路歷程
三、BOD 旅遊著作—個人深度旅遊文學創作
四、BOD 大陸學者—大陸專業學者學術出版
五、POD 獨家經銷—數位產製的代發行書籍

BOD 秀威網路書店：www.showwe.com.tw
政府出版品網路書店：www.*gov*books.com.tw

永不絕版的故事・自己寫・永不休止的音符・自己唱